ক্ষমা নেই দেশদ্রোহী

প্রকাশ রায়

ক্ষমা নেই দেশদ্রোহী

প্রকাশ রায়

Khoma Nei Deshdrohi
by Prakash Roy

১ম প্রকাশ : নভেম্বর ২০২১
২য় প্রকাশ : জানুয়ারি ২০২৪

প্রকাশ : মার্চ ২০২৫
গ্রন্থস্বত্ব : প্রকাশ রায়
প্রচ্ছদ : প্রকাশ রায়
বর্ণসংস্থাপন : প্রকাশ রায়
প্রকাশক : Notion Press, Inc.
800, West El Camino Real #180,
California USA 94040

Notion Press Media Pvt Ltd,
#7, Red Cross Road,
Egmore, Chennai, Tamil Nadu 600008

বিনিময় মূল্য : ৩৫৫ টাকা

আমি প্রকাশ রায়, আমি আমার
মাতা-পিতার আশীর্বাদ নিয়ে বইটি উৎসর্গ
করছি বিপ্লবী কানাইলাল দত্তের প্রতি...

“ওরা বীর, ওরা আকাশে জাগাতঝড়
ওদের কাহিনী, বিদেশীর খুনে
গুলি বন্দুক বোমার আগুনে
আজও রোমাঞ্চকর...”

এই চারটি লাইন মনে করিয়ে দেয়, সেই সকল বীরদের কথা। যারা হাসতে হাসতে ফাঁসির দড়ি গলায় পড়েছেন, কেউ বা দীপান্তরের বন্দি হয়েছেন। অনেক রক্ত ঝরিয়ে এসেছে আমাদের স্বাধীনতা

এই বইটিতে তুলে ধরা হয়েছে সেই সকল বীরদের আর কিছু বিশ্বাসঘাতক ও অত্যাচারী ব্রিটিশদের কথা। যে সকল বিপ্লবী এই বিশ্বাসঘাতক ও অত্যাচারী ব্রিটিশদের হত্যাকাণ্ডে সফল হয়েছিল। তাই বইটির নাম দেওয়া হয়েছে “ক্ষমা নেই দেশদ্রোহী।”

প্রকাশ রায়

অবতরণিকা

প্রায় দু'শো বছর আমরা ছিলাম পরাধীন, কিন্তু এই বর্তমান ভারতবর্ষ এমনিতেই স্বাধীনতা পায়নি। সিরাজউদ্দৌলাকে হত্যার পর ভারতের স্বাধীনতা ছিনিয়ে নেয় ব্রিটিশ সাম্রাজ্য। ধীরে ধীরে প্রায় সারা ভারতবর্ষকে গ্রাস করে নেয় তারা। সিরাজউদ্দৌলা পরাজিত হন একমাত্র মীরজাফরের জন্য। তেমনই এই দেশ দু'শো বছর পরাধীন থাকার কারণ হাজার মীরজাফরের জন্ম হওয়ায়। অগ্নিযুগ আসার পরই শুরু হয় বিপ্লবীদের নানা পরিকল্পনা। শুরু হয় ব্রিটিশদের অত্যাচার। বিশ্বাসঘাতক দেশদ্রোহীদের কাজকর্মে বিপ্লবীরা অসন্তুষ্ট। প্রফুল্ল চাকীকে ধরিয়ে দিলেন দেশদ্রোহী নন্দলাল ব্যানার্জি, আলিপুর বোমা মামলায় বিশ্বাসঘাতকতা করেন নরেন গোঁসাই। সরকারি উকিল আশুতোষ বিশ্বাস ও সামশুল আলমের বিপ্লবীদের প্রতি অন্যায় অবিচার সহ্য হয়নি বিপ্লবী মহলে। তাই দেশদ্রোহীদের আগে হত্যা করায় মূল উদ্দেশ্যে হয়ে দাঁড়ায় বিপ্লবীদের। সাথে করে অত্যাচারী ব্রিটিশ অফিসারদেরও লক্ষ করেন বিপ্লবীরা। তাই এই বইটিতে তুলে ধরা হয়েছে বিশ্বাসঘাতক, দেশদ্রোহী ও অত্যাচারী ব্রিটিশ অফিসারদের হত্যাকাণ্ড। যে হত্যাকাণ্ডে বিপ্লবীরা সফল হয়েছিল। এই মাতৃভূমিকে স্বাধীন করার লক্ষ্যে হাজারো তরুণ যুবক প্রাণ হারান। বাংলা থেকে সমগ্র ভারতবর্ষে শুরু হয় বিপ্লবীদের নতুন সূর্য উদয়ের তাণ্ডব। বিস্মৃতির অতলে হারিয়ে যাওয়া সেই সকল বীরদের কথা তুলে ধরার চেষ্টা করা হয়েছে এই বইটির মাধ্যমে। যাঁদের বলিদানে আমরা স্বাধীন সূর্যোদয় দেখতে পাচ্ছি। অত্যাচারী ব্রিটিশ অফিসার, বিশ্বাসঘাতক ও দেশদ্রোহীদের হত্যাকাণ্ড নিয়েই বইটির নাম দেওয়া হয়েছে "ক্ষমা নেই দেশদ্রোহী।" আমাদের নতুন প্রজন্মকে জানানো দরকার রক্তক্ষয়ী স্বাধীনতা সংগ্রামের ইতিহাস। আমার সকল প্রিয় পাঠক-পাঠিকাদের জানাই ভালোবাসা। বইটি পড়ার জন্য আমন্ত্রণ রইল সকলের প্রতি। আশা করি বইটি পড়ে ভালো লাগবে। "বন্দেমাতরম।"

প্রকাশ রায়

লেখক পরিচিতি

ছোটবেলা থেকেই তার স্বপ্ন ছিল, তিনি দেশের জন্য কাজ করবেন। তাই তার ইচ্ছা ছিল আর্মিতে যোগ দেওয়ার। প্রায় ৬-৭ বছর বয়স থেকেই দেশের বীর যোদ্ধা ও স্বাধীনতা সংগ্রামীদের জীবনী সমন্ধে জানার ইচ্ছা ছিল তার। আমাদের এই লেখকের নাম হলো প্রকাশ রায়। তার জন্ম হয় ১৪ই মার্চ ১৯৯৬ সালে পশ্চিমবঙ্গের জলপাইগুড়ি জেলার সাতভেন্ডী গ্রামে। প্রথম শিক্ষা অর্জন করেন পানবাড়ি বর্মনপারা আর আর স্কুলে, তার পর তিনি পানবাড়ি ভবানী হাই স্কুলে ভর্তি হন।

সংসারিক অনটনের বিরুদ্ধে লড়াই করে অনেক পড়ার চেষ্টা করেন, কিন্তু সংসারিক অনটনের সামনে তাকে পরাজয় স্বীকার করতে হলো। হলো না তার স্বপ্ন পূরণ, রয়ে গেলো তার একটা স্বপ্ন। ধীরে ধীরে তিনি সোস্যাল মিডিয়ার মাধ্যমে দেশের মানুষকে জানাতে শুরু করলেন কারা দেশের জন্য বলিদান দিয়েছেন। আমরা তো সকল দেশপ্রেমিকের কথা জানি না, তাই তিনি সকল দেশপ্রেমিকদের কথা সকলের কাছে তুলে ধরার চেষ্টা করেন।

ধীরে ধীরে তিনি অনেকের মন জয় করলেন সোস্যাল মিডিয়ায় এবং পাঠকদের কথা মতো তিনি বই লিখতে শুরু করলেন। শুরু হলো তাঁর বই লেখা, তিনি তাঁর প্রথম বইয়ের নাম দিলেন 'ক্ষমা নেই দেশদ্রোহী।'

প্রকাশ রায়

আমি শহর থেকে অনেক দূরে থাকি, এই বইটি সম্পূর্ণ করতে শহর থেকে অনেকেই আমাকে সাহায্য করেছেন। তাঁদের সকলের প্রতি রইল আমার অসীম কৃতজ্ঞতা।

ক্ষমা নেই দেশদ্রোহী
বইয়ের তথ্যসূত্র:--

বাংলা বই

- ☐ ভারতের সশস্ত্র বিপ্লব - ভূপেন্দ্রকুমার রক্ষিত রায়
- ☐ চট্টগ্রাম যুব বিদ্রোহ - অনন্ত সিং
- ☐ মুক্তির সংগ্রামে ভারত - পশ্চিমবঙ্গ বাংলা একাডেমি
- ☐ ভারতের বৈপ্লবিক সংগ্রামের ইতিহাস - সুপ্রকাশ রায়
- ☐ ভারতের স্বাধীনতা সংগ্রামের সংক্ষিপ্ত ইতিহাস - উপেন্দ্রচন্দ্র ভট্টাচার্য
- ☐ বীর বিপ্লবী ভগৎ সিং - পৃথ্বীরাজ সেন
- ☐ নির্বাচিত বিপ্লবীদের ছেলেবেলা - পৃথ্বীরাজ সেন
- ☐ আমি সুভাষ বলছি - শৈলেশ দে
- ☐ ভারতবর্ষের স্বাধীনতা যুদ্ধের ইতিহাস - সুকুমার রায়
- ☐ ক্ষুদিরাম ও প্রফুল্ল চাকী - গোপাল ভৌমিক
- ☐ বাঘা যতীন - মণি বাগচী
- ☐ সংসদ বাঙালি চরিতাভিধান

হিন্দি বই

- ☐ ক্রান্তিকারী কোশ - সরল কৃষ্ণ
- ☐ স্বতন্ত্রতা সেনানী গ্রন্থমালা - ফুলচন্দ জৈন
- ☐ ভগৎ সিং অউর উনকা যুগ - মন্মথনাথ গুপ্ত
- ☐ ভগৎ সিং অউর উনকা সাথিওকে দস্তাবেজ - জগমোহন সিং
- ☐ আজাদী কে দিওয়ানা - রাজেন্দ্রকুমার টন্ডন
- ☐ ভারতীয় চরিতকোষ

সূচিপত্র

মিঃ র‍্যান্ড ও লেফটেন্যান্ট আয়ার্স্ট হত্যাকাণ্ড
এবং
বিশ্বাসঘাতক গনেশশঙ্কর ও রামচন্দ্র হত্যা

আজও মহারাষ্ট্রের পুনা জেলার চিঁচওয়াড় গ্রামে তিন ভ্রাতৃএয়ের (ভাই) বলিদান শ্রদ্ধার সাথে স্মরণ করা হয়। তারা বিপ্লবের ইতিহাসে আজও পূজনীয়। তারা চিৎপাবান ব্রাহ্মণ বংশে জন্মগ্রহণ করেন। একে একে ফাঁসির মঞ্চে তিন ভাই জীবনের জয়গান গেয়ে যান। এমন তিন ভ্রাতৃএয়ের বলিদান ইতিহাসে বিরল।

সময়টা ছিল ১৮৯৬-৯৭ সাল, সেসময় মহারাষ্ট্রের বুকে নেমে এসেছে ভীষণ অন্ধকার। চারদিকে ছড়িয়ে পড়েছে মানুষের হাহাকার, একদিকে ব্রিটিশদের অত্যাচারে আর অন্যদিকে এসেছে প্লেগ নামের এক বিপদ। ধীরে ধীরে এই প্লেগ সারা দেশে ছড়িয়ে আকার নিয়ে নীল এক মহামারীর। প্লেগের কয়েকদিন যেতে না যেতেই মহামৃত্যুর আকার নিয়েছে মহারাষ্ট্র। এই মহামারীকে দমন করার দিশা খুঁজে পায়নি ব্রিটিশ সরকার, শেষে ব্যর্থ হয়ে একটি নতুন আইন যারি করলেন ব্রিটিশ অধিপতিরা। তারা এমনই একটি আইন পাস করলেন যার ফলে মানুষ প্লেগ মহামারীর থেকে ব্রিটিশ সরকারকে বেশি ভয় পাচ্ছে। এই আইনের নাম দেওয়া হয়েছিল 'Epidemic disease Act' এর মানে মহামারী দমন। এই আইনের সাহায্যে সরকারি কর্মকর্তারা সন্দেহজনক কিছু বুঝতে পারলে যে কারো ঘরেই প্রবেশ করতে পারবেন ও পরীক্ষা নিরীক্ষা করতে পারবেন। এই আইনটি ছোয়াচে রোগের ক্ষেত্রে একান্তই প্রয়োজন ছিল। কিন্তু কর্মকর্তাদের উদ্দ্যেশ্য আরো আলাদা হয়ে দেখা দেয় মানুষের চোঁখে।

এই প্লেগ মহামারীর নামেই চলল ব্রিটিশদের নির্মম অত্যাচার, আর এই অত্যাচারের রাজপুরুষ ছিলেন মিঃ র‍্যান্ড। অত্যাচার এমনই বেড়ে গেল যে দেহ পরিক্ষাকল্পে নারীদেহ উলঙ্গ করা হয়। রাস্তায় ঘাটে

সন্দেহজনকদের উপর অত্যাচার, সাধারণ ও নিরীহ মানুষরা শেষে লজ্জা আর অত্যাচারের ভয়ে গ্রাম-শহর ছেড়ে পালিয়ে যেতে লাগলেন। এর তীব্র প্রতিবাদ জানিয়ে বালগঙ্গাধর তিলকের লেখনী 'দৈনিক কেশরী'র মাধ্যমে বিরোধ প্রকাশ করেন। যারা বীর, যাদের চোখে বিদ্রোহের আগুন প্রতিবাদের ভাষায় জ্বলছিল তারা গ্রাম-শহর ছেড়ে পালিয়ে যাননি। তারা জানেন আমরাও যদি পালিয়ে যাই, তবে সাধারণ মানুষ কাদের দিকে তাকিয়ে থাকবে। একদিন ইতিহাসই বা কি বলবে, তাই তারা না পালিয়ে রুখে দাঁড়াতে লাগলেন। দেশ যখন আমাদের, তবে আমরা ঘর বাড়ি আর এই গ্রামই বা কেনো ছাড়বো।

এবার যে করেই হোক না কেনো এই দেশ থেকে তাড়াতে হবে ব্রিটিশ অত্যাচারীদের। এগিয়ে এলেন বালগঙ্গাধর তিলকের মতো মহান নেতা, তারই বিপ্লব মন্ত্রে উজ্জীবিত হয়েছিলেন 'চাপেকার বন্ধু' নামে তিন ভাই দামোদর হরি চাপেকার, বালকৃষ্ণ হরি চাপেকার, বাসুদেব হরি চাপেকার, মহাদেব বিনায়ক রানাডে ও খণ্ডে রাও সাঠে আরো অনেকেই। এবার বিপ্লবীদের আলোচনার মধ্যে শুরু হলো পরিকল্পনা, মিঃ র‍্যান্ডকে হত্যা করার। আর এই অভিযানে নাম উঠে এলো দামোদর হরি চাপেকার, বালকৃষ্ণ হরি চাপেকার ও মহাদেব বিনায়ক রানাডে। পরিকল্পনা অনুযায়ী গভর্মেন্ট হাউসে, রানী ভিক্টোরিয়ার ৬০ তম "জুবিলি" সারা দেশে পালিত হচ্ছে। আর সেখানে মিঃ র‍্যান্ড উপস্থিত থাকবেন, অনুষ্ঠান থেকে ফেরার সময় বিপ্লবীরা তার ওপর আক্রমণ করবেন।

ধীরে ধীরে আসলো সেই অপেক্ষার দিন, দিনটি ছিল ২২শে জুন ১৮৯৭ সাল। দামোদর হরি চাপেকার ও তার ভাই বালকৃষ্ণ চাপেকার আর ওপর জন হলো মহাদেব বিনায়ক রানাডে এই সুযোগের অপেক্ষায় ছিল তারা। পুনা শহরের গণেশখিন্ড এলাকায় অবস্থিত ছিল গভর্নমেন্ট-হাউস। সেখানেই পালিত হচ্ছিল "জুবিলি" অনুষ্ঠান। বড়ো বড়ো ব্রিটিশ কর্মকর্তারা সেখানে গিয়ে হৈ-হুল্লোরে মেতে ওঠেন। গভর্নমেন্ট-হাউসের আশেপাশে ছিলেন বিপ্লবীরাও। সেদিন তারা

র্যান্ডকে বার বার হাতের কাছে পেয়েও তার ওপর আক্রমন করতে পারেননি। তবুও তারা ধৈর্যের বাঁধ শক্ত করে ধরে ছিলেন, এখন নয় দু-এক ঘন্টা অপেক্ষা করবো নয় মাস বা বছর দিয়ে অপেক্ষা করবো। তার পর দামোদর, বালকৃষ্ণ ও বিনায়ক ঠিক করলেন অনুষ্ঠান থেকে ফেরার পথেই র্যান্ডকে হত্যা করতে হবে। তারা অপেক্ষা করতে লাগলেন র্যান্ড কখন ফিরবেন।

র্যান্ড ও আয়ার্স্ট গভর্নমেন্ট-হাউস থেকে বের হন প্রায় রাত সাড়ে এগারোটার কাছাকাছি ঘড়ির কাঁটা। অনুষ্ঠান মহলের কিছু দূরেই লুকিয়ে আছেন দামোদর ও তার একটু দূরেই বালকৃষ্ণ এবং তারও অল্প দূরে অপেক্ষা করছেন বিনায়ক রানাডে। এবার ঘোড়ার গাড়িতে করে বের হলেন আয়ার্স্ট ও তার পত্নী, তার পর র্যান্ড। গাড়ি কাছাকাছি আসতে না আসতেই দামোদর র্যান্ডের গাড়ির পেছনে এক লাফ দিয়ে উঠে পরলো, তারপর আর বেশিক্ষণ সময় লাগলো না গর্জে উঠল দামোদরের পিস্তল। র্যান্ড সেখানেই লুটিয়ে পড়লেন। এরপর কি হলো আয়ার্স্ট ও তার পত্নী পিস্তলের গর্জন শুনতে পেয়ে চমকে উঠলো। মুতুর্তে বিনায়ক রানাডে পিস্তল নিয়ে ঝাপিয়ে পড়ল আয়ার্স্ট-এর ওপর এবং তারও পিস্তলটি সমান ভাবেই গর্জে উঠল। সঙ্গে সঙ্গে আয়ার্স্ট তার পত্নীর কোলে ঢলে পড়লেন। তিন বিপ্লবীর কাজ সফল হলো, তাই আর দেরি না করে রাতের অন্ধকারে উধাও হয়ে গেলেন। পেছনে তারা কোন প্রমাণ রেখে গেলেন না।

কেউ বুঝতে পারলোনা এই হত্যাকাণ্ড রচিয়েছে কারা। এরপর বিপ্লবীরা বেশ খোলা-মেলা ঘুরে বেড়াচ্ছেন, এদিকে ব্রিটিশ সরকার কোন রকম প্রমাণ খুঁজে পাচ্ছে না। এবার ব্রিটিশ সরকার কি করলো গুপ্তচর লাগিয়ে দিলেন। তারা গুপ্তচর হিসেবে বেচে নেন গনেশশঙ্কর দ্রেভিড ও রামচন্দ্র দ্রেভিডকে এনারা দুজনেই ভাই হন। এরা ছিলেন নামকরা ক্রিমিনাল, এদের মতো দক্ষ সমাজদ্রোহী মানুষ পাওয়া দুস্কর ছিল ব্রিটিশদের হাতে। ব্রিটিশরা তাদের বলেন, তারা দুই ভাই যদি কোন

প্রমাণ ও হত্যাকারীদের চিনিয়ে দিতে পারে তাহলে তারা জেল থেকে মুক্তি পেতে পারে। সঙ্গে তাদের বিশ হাজার টাকা পুরস্কার করা হবে। টাকার লোভে তারা এই কাজ করতে রাজি হয়ে যান।

রামচন্দ্র দ্রেবিড বিশেষ করে বাসুদেব ও বিনায়ক রানাডের পিছনে লেগে পরে ছিল, যার কারণে বার বার তাদের থানায় ডেকে জিজ্ঞাসা ও নানা প্রশ্ন করা হয়। এভাবেই গনেশশঙ্কর দ্রেভিড ও রামচন্দ্র দ্রেভিড-এর সাহায্যে ৯ই আগস্ট গ্রেপ্তার হলেন দামোদর হরি চাপেকার। শুরু হল বিচারের পালা, আদালতে দামোদর হরি চাপেকারকে ফাঁসির হুকুম দিলেন। তারপর দামোদর প্রশ্ন করলেন: এই মাত্র! আর কিছুই নয়?... ফাঁসির দিন ঠিক হলো ১৮ই এপ্রিল ১৮৯৮ সাল। হাতে ভগবদ্ গীতা নিয়ে ফাঁসির মঞ্চে উঠে দাঁড়ালেন বীর বিপ্লবী দামোদর হরি চাপেকার।

শেষে বিশ্বাসঘতকতার কারণে ১৮৯৮ সালে হায়দ্রাবাদে ধরা পড়লেন বালকৃষ্ণ হরি চাপেকার। বালকৃষ্ণ চাপেকারকে যে ধরিয়ে দিয়েছিল তার নাম ছিল হেড কনস্টেবল রামপান্ডু। সন ১৮৯৯ সালের ১০ই ফেব্রয়ারি পুণা সিটি-ম্যাজিস্ট্রেটের এজলাসে বালকৃষ্ণ চাপেকারের বিরুদ্ধে মামলা দায়ের করা হলো। এই মামলায় বালকৃষ্ণ চাপেকারকে ফাঁসির আদেশ দেওয়া হয়। দেখা করতে এলেন বাসুদেব চাপেকার তিনি শুধু বালকৃষ্ণ চাপেকারের ভাই ছিল না তিনি ছিল তার নয়নের মণি, এত নিষ্ঠুর ব্রিটিশ যে দু-ভাইকে দেখা করতে দিলেন না। শুধু অপেক্ষার প্রহর গুনছেন বালকৃষ্ণ চাপেকার কবে হাসি মুখে ফাঁসির দড়ি গলায় পড়বেন।

বাসুদেব ও মহাদেব বিনায়ক রানাডে বিপ্লবের কাজ ভালো ভাবেই করে যাচ্ছেন, বাসুদেবের মনে বিদ্রোহের অগ্নি দাউ দাউ করে জ্বলছে। কিছু বিশ্বাসঘাতকতার জন্য দু-ভাই জেলে বন্দী। বাসুদেব ভাবলেন যতদিন এই বিশ্বাসঘাতকরা জীবিত থাকবেন ততদিন নানা বিপ্লবীদের কথা ফাঁস করে দেবেন তারা। তখন তাদেরও অবস্থা দামোদর ও বালকৃষ্ণের মত হবে, আগে পৃথিবী থেকে চিরবিদায় দিতে হবে এই

বিশ্বাসঘাতকদের। এবার পালা বিশ্বাসঘাতকদের হত্যা করবেন তিনি নিজের হাতেই। তাদের এই ষড়যন্ত্রের প্রথম লক্ষ্য হলো কনস্টেবল রামপান্ডু। দিনটি ছিল ৩রা ফেব্রুয়ারি ১৮৯৯ সাল বেরিয়ে পড়লেন দুই বিপ্লবী বাসুদেব ও বিনায়ক রানাডে, কিন্তু সেদিন ঠিক মতো সুবিধা পেলেন না। তাই তারা সেদিন সফল হতে পারলেন না। তার পর এলো ৮ই ফেব্রয়ারি ১৮৯৯ সাল, ঘণ অন্ধকার রাত্রি রাস্তার পাশে লুকিয়ে আছেন দুই বিপ্লবী বাসুদেব ও বিনায়ক রানাডে। অপেক্ষা করছেন কনস্টেবল রামপান্ডুর, বাড়ি ফেরার পথেই তাকে হত্যা করা হবে। সেদিনও তাদের এই অপেক্ষা ব্যর্থ হয়ে গেল।

সেদিনই তাদের মাথায় আরেকটা বুদ্ধি আসলো, আজ রামপান্ডু আসেনি কিন্তু আরো দুজন বিশ্বাসঘাতক এখনও জীবিত আছে। আজ তাদেরকেই লক্ষ্য করতে হবে। এই দুজন বিশ্বাসঘাতকের নাম হল গণেশশঙ্কর দ্রেবিড ও রামচন্দ্র দ্রেবিড, এনারা দুই ভাই বিশ হাজার টাকার লোভে দামোদরকে ধরিয়ে দিয়েছিল। বাসুদেব ও বিনায়ক রানাডে মিলে গণেশশঙ্কর দ্রেবিড ও রামচন্দ্র দ্রেবিডের বাড়ির ডিকে রওনা দিলেন। গণেশশঙ্কর ও রামচন্দ্র এই দুভাই সেদিন বাড়িতেই ছিলেন। সেদিন দু-ভাই মিলে তাস খেলছেন। এদের কারণেই বিনায়ক ও বাসুদেবকে থানায় যেতে হয় বার বার, থানায় তাদের নানা প্রশ্ন করা হতো। তাদের ছলে বলে বাড়ির বাইরে ডেকে আনা হলো। তাদের বলা হয় পুলিশ সুপার বিশেষ কারণে তোমাদের থানায় ডেকেছে। আর এদিকে বাইরে পিস্তল হাতে অপেক্ষা করছেন বাসুদেব, বিনায়ক রানাডে ও বিপ্লবী খণ্ডে রাও সাঠে। গণেশশঙ্কর ও রামচন্দ্র বাইরে আসতে তাদের বেশি সময় লাগলো না, বেরিয়ে আসার পরেই তিনজন বিপ্লবীর পিস্তল গর্জে উঠল।

গণেশশঙ্কর দ্রেবিড ও রামচন্দ্র দ্রেবিড গুলির আঘাতে সঙ্গে সঙ্গে মাটিতে লুটিয়ে পড়লেন, গণেশশঙ্কর দ্রেবিড ঘনটাস্থলেই মারা গেলেন আর তার ভাই রামচন্দ্র দ্রেবিড মারাত্মক ভাবে আহত হন এবং তাকে হাসপাতালে ভর্তি করা হয়। সঙ্গে সঙ্গে রাতের অন্ধকারে উধাও হয়ে

গেলেন তিন বিপ্লবী, চারপাশে লোকজনের ভিড় জমে উঠেছে, মাটিতে পড়ে আছে দুই বিশ্বাসঘাতক। কেউ টেরও পেলো না কে এই মারাত্মক হত্যাকাণ্ড ঘটিয়েছে। ব্রিটিশ বাহিনী এসেও কোন লাভ হলো না। বাসুদেবের ওপর পুলিশের সন্দেহ বেড়ে গেল, সঙ্গে তাদের বন্ধুদের ওপর নজর রাখছে পুলিশ। এবার থানায় ডাক পড়লো, থানায় হাজির হলেন বাসুদেব, বিনায়ক রানাডে ও খণ্ডে রাও সাঠে। থানায় যাবার আগে তারা পিস্তল সঙ্গে করে নিয়ে যান যদি সেখানে রামপান্ডুকে পাওয়া যায়। কিন্তু পুলিশ সেদিন সতর্ক ছিলেন, থানায় ঢোকার আগে প্রথমেই তাদেরকে তল্লাশি করা হলো, তল্লাশি করার পর তাদের কাছে পাওয়া গেলো আগ্নেয়াস্ত্র। তারপর সঙ্গে সঙ্গে তাদেরকে গ্রেফতার করা হলো। তারা নিজেরাই জানিয়ে দিলেন বিশ্বাসঘাতকদের হত্যা আমরাই করেছি, কারণ আমাদের দেশে বিশ্বাসঘাতকদের কোন স্থান নেই।

একে একে চার জনই "যারবেদা" জেলে একই ফাঁসির মঞ্চে শহীদ হন। আগেই ফাঁসি দেওয়া হয়েছে দামোদর চাপেকারকে ১৮ই এপ্রিল ১৮৯৯ সালে। এরপর ৮ই মে ১৮৯৯ সাল বাসুদেব হরি চাপেকারকে, তার পর এলো বিনায়কের পালা ১০ই মে ১৮৯৯ সাল। শেষে ১২ই মে ১৮৯৯ সাল বালকৃষ্ণ চাপেকারকেও ফাঁসি দেওয়া হলো। এই ছিল চার বিপ্লবীর জীবন কাহিনী। দেশের জন্য হাসতে হাসতে ফাঁসির দড়ি গলায় পড়েছিলেন। আর বিপ্লবী খণ্ডে রাও সাঠেকে দেওয়া হয় দশ বছরের সশ্রম কারাদণ্ড।

বাসুদেব হরি চাপেকার, মহাদেব বিনায়ক রানাডে
ও খণ্ডে রাও সাঠে

দামোদর হরি চাপেকার

বালকৃষ্ণ হরি চাপেকার

দামোদর হরি চাপেকার

দামোদর চাপেকারের জন্ম হয়েছিল মহারাষ্ট্রের পুনা জেলার চিঁচওয়াড় গ্রামে। পিতা বিখ্যাত প্রার্থনাসংগীত- হরিপন্ত চাপেকার। দামোদর হরি চাপেকারের বাল্যকাল থেকেই সৈনিক হওয়ার ইচ্ছা ছিল, কিন্তু একজন ব্রাহ্মণ হওয়ার কারণে তাকে ব্রিটিশরা সৈনিক হিসেবে গ্রহণ করেননি। তিনি তাঁর উত্তরাধিকারে কীর্তনের খ্যাতি পেয়েছিলেন। লোকমান্য বাল গঙ্গাধর তিলক, দামোদর হরি চাপেকারের আদর্শ ছিল।

"চাপেকার বন্ধু" দামোদর হরি চাপেকার, বালকৃষ্ণ চাপেকার এবং বাসুদেব চাপেকার লোকমান্য বাল গঙ্গাধর তিলককে তাদের গুরু করে মনে করতেন। সন ১৮৯৭ সালে পুনে শহর প্লেগের মতো ভয়াবহ মহামারীর রোগে ভুগছিলেন। এই সুযোগে ব্রিটিশ সরকার ভারতবাসীর ওপর অকথ্য অত্যাচার চালান। মিঃ র‍্যান্ড ছিলেন ব্রিটিশ অত্যাচারীদের মধ্যে অন্যতম। এই র‍্যান্ডকে হত্যা করেন দামোদর হরি চাপেকার।

বিশ্বাসঘাতক গনেশশঙ্কর দ্রেভিড ও তার ভাই রামচন্দ্র দ্রেভিড-এর কারণে গ্রেপ্তার হন দামোদর হরি চাপেকার। বিচারে তাকে ফাঁসির আদেশ দেওয়া হয়েছিল। ১৮ই এপ্রিল ১৮৯৮ সালে "যারবেদা" জেলে ফাঁসির মঞ্চে মৃত্যু বরণ করেন।

বালকৃষ্ণ হরি চাপেকার

বালকৃষ্ণ হরি চাপেকারের জন্ম হয়েছিল ১৮৭৩ সালে মহারাষ্ট্রের চিৎপাবন ব্রাহ্মণবংশীয় পরিবারে। তার পিতার নাম ছিল হরিপন্ত চাপেকার, তিনি কীর্তন করে বেড়াতেন। হরিপন্ত চাপেকার নানা জায়গায় ঘুরে কীর্তন ও পৌরাণিক কোথা শোনাতেন এবং এই দিয়ে সংসার চালাতেন।

সন ১৮৯৭ সালে পুনে শহর প্লেগের মতো ভয়াবহ মহামারীর রোগে ভুগছিলেন। এই সুযোগে ব্রিটিশ সরকার ভারতবাসীর ওপর অকথ্য অত্যাচার চালান। মিঃ র্যান্ড ছিলেন ব্রিটিশ অত্যাচারীদের মধ্যে অন্যতম। যে করেই হোক এই অত্যাচারী হত্যা করতেই হবে, দিনটি ঠিক হলো ২২শে জুন ১৮৯৭ সাল সেদিন ছিল গভর্মেন্ট হাউসে রানী ভিক্টোরিয়া ৬০ তম "জুবিলি" যা সারা দেশে পালিত হচ্ছে।

সেখানেই র্যান্ড ও আয়ার্স্টকে হত্যা করেন দামোদর হরি চাপেকার ও বালকৃষ্ণ হরি চাপেকার।

কনস্টেবল রামপান্ডুর সাহায্যে ব্রিটিশ সরকার বালকৃষ্ণ চাপেকারকে গ্রেপ্তার করতে সক্ষম হন ১৮৯৮ সালে। সন ১৮৯৯ সালের ১০ই ফেব্রয়ারি পুণা সিটি-ম্যাজিস্ট্রেটের এজলাসে বালকৃষ্ণ চাপেকারের বিরুদ্ধে মামলা দায়ের করা হলো। এই মামলায় বালকৃষ্ণ চাপেকারকে ফাঁসির আদেশ দেওয়া হয়।

১২ই মে ১৮৯৯ সালে বালকৃষ্ণ চাপেকারকে "যারবেদা" জেলে ফাঁসি দেওয়া হয়।

বাসুদেব হরি চাপেকার

বাসুদেব হরি চাপেকারের জন্ম হয়েছিল ১৮৮০ সালে। তার পিতার নাম ছিল হরিপন্ত চাপেকার। মহারাষ্ট্রের মারাঠি ভাষায় বাসুদেব চাপেকারের শিক্ষা শুরু হয়েছিল। সময়ের সাথে সাথেই তিন ভাই পিতার সাহায্যের জন্য কীর্তন আদি করে বেড়াতেন। বাসুদেব বয়সে অনেক ছোট হলে কি হবে, তার কাজ ছিল অতুলনীয়।

২২শে জুন ১৮৯৭ সাল সেদিন ছিল গভর্মেন্ট হাউসে রানী ভিক্টোরিয়া ৬০ তম "জুবিলি" যা সারা দেশে পালিত হচ্ছে। সেখানেই র‍্যান্ড ও আয়ার্স্টকে হত্যা করেন দামোদর হরি চাপেকার ও বালকৃষ্ণ হরি চাপেকার।

বিশ্বাসঘাতক গনেশশঙ্কর দ্রেভিড ও তার ভাই রামচন্দ্র দ্রেভিড-এর কারণে গ্রেপ্তার হন দামোদর হরি চাপেকার। কনস্টেবল রামপান্ডুর সাহায্যে ব্রিটিশ সরকার বালকৃষ্ণ চাপেকারকে গ্রেপ্তার করতে সক্ষম হন ১৮৯৮ সালে। বিশ্বাসঘাতক গনেশশঙ্কর দ্রেভিড ও তার ভাই রামচন্দ্র দ্রেভিডকে হত্যা করার অভিযোগে বিচারের তাকে ফাঁসির আদেশ দেওয়া হয়।

৮ই মে ১৮৯৯ সালে বাসুদেব হরি চাপেকারকে "যারবেদা" জেলে ফাঁসি দেওয়া হয়।

মহাদেব বিনায়ক রানাডে

মহাদেব বিনায়ক রানাডে মহারাষ্ট্র পুনাতে জন্মগ্রহণ করেন। পিতার নাম ছিল বিনায়ক রানাডে। ১৮৯৭ সালে 'প্লেগ' কমিশনার মিঃ র‍্যান্ড ও লেফটেন্যান্ট আয়ার্স্টকে হত্যা করেন তিনি ও চাপেকারের দুই ভাই দামোদর হরি চাপেকার ও বালকৃষ্ণ হরি চাপেকার।

এই হত্যাকাণ্ডে দুই রাজসাক্ষী ও বিশ্বাসঘাতক গনেশশঙ্কর দ্রেভিড ও তার ভাই রামচন্দ্র দ্রেভিড-এর কারণে গ্রেপ্তার হন দামোদর হরি চাপেকার। কনস্টেবল রামপান্ডুর সাহায্যে ব্রিটিশ সরকার বালকৃষ্ণ চাপেকারকে গ্রেপ্তার করতে সক্ষম হন। বিশ্বাসঘাতক গনেশশঙ্কর দ্রেভিড ও তার ভাই রামচন্দ্র দ্রেভিডকে হত্যা করার অভিযোগে বিচারের মহাদেব বিনায়ক রানাডে ফাঁসির আদেশ দেওয়া হয়।

১০ই মে ১৮৯৯ সালে মহাদেব বিনায়ক রানাডেকে "যারবেদা" জেলে ফাঁসি দেওয়া হয়।

খণ্ডে রাও সাঠে

'প্লেগ' কমিশনার মিঃ র‍্যান্ড ও লেফটেন্যান্ট আয়ার্স্টকে হত্যা করেন দামোদর হরি চাপেকার ও বালকৃষ্ণ হরি চাপেকার।

এই হত্যাকাণ্ডে দুই রাজসাক্ষী ও বিশ্বাসঘাতক গনেশশঙ্কর দ্রেভিড ও তার ভাই রামচন্দ্র দ্রেভিড-এর কারণে গ্রেপ্তার হন দামোদর হরি চাপেকার। কনস্টেবল রামপান্ডুর সাহায্যে ব্রিটিশ সরকার বালকৃষ্ণ চাপেকারকে গ্রেপ্তার করতে সক্ষম হন। বিশ্বাসঘাতক গনেশশঙ্কর দ্রেভিড ও তার ভাই রামচন্দ্র দ্রেভিডকে হত্যা করেন।

এর কিছুদিন পর খণ্ডে রাও সাঠে, মহাদেব বিনায়ক রানাডে ও বাসুদেব গ্রেপ্তার হন পুলিশের হাতে। বিচারে মহাদেব বিনায়ক রানাডে ও বাসুদেবকে ফাঁসির আদেশ দেওয়া হয়। বিপ্লবী খণ্ডে রাও সাঠের বয়স অল্প থাকায় তাকে দশ বছরের সশ্রম কারাদণ্ড দেওয়া হয়।

ইন্সপেক্টর নন্দলাল ব্যানার্জি হত্যাকাণ্ড

১৯০৮ সালের ৩০শে এপ্রিল ক্ষুদিরাম বসু ও প্রফুল্ল চাকি জেলা শাসক অত্যাচারী ব্রিটিশ অফিসার কিংসফোর্ডের গাড়িতে বোমা নিক্ষেপ করেন। সেদিন দুর্ভাগ্যবশত কিংসফোর্ড সেই গাড়িতে ছিলেন না। তাই ভুলবশত তাদের বোমা নিক্ষেপে প্রাণ হারান মিসেস কেনেডি ও তার কন্যা। মুহূর্তের মাঝেই খবর ছড়িয়ে পড়ল সর্বত্র। বোমা নিক্ষেপের সঙ্গে সঙ্গেই তারা পালাতে শুরু করেন। কিছুদূর পর্যন্ত গিয়ে তারা তাদের পরিকল্পনা মতো দুজন দুদিকের পথ ধরলেন।

এত কিছু হওয়ার পরেও প্রফুল্ল ও ক্ষুদিরাম তারা তাদের আসল পরিচয় জানতেন না। ক্ষুদিরাম বসু জানতেন প্রফুল্ল চাকী হলেন দীনেশ রায় ও প্রফুল্ল চাকি জানতেন ক্ষুদিরাম হলো হরেন সরকার। এরপর দুজন দুদিকে ছুটে চলেন। ওয়াইনি স্টেশনে পৌঁছে ধরা পড়লেন ক্ষুদিরাম বসু। অন্যদিকে প্রফুল্ল চাকী প্রায় ৪০ মাইল ছুটে গেলেন সমস্তিপুর স্টেশনের দিকে। সমস্তিপুর স্টেশন আর একটু দূরেই, প্রফুল্ল সেখানেই যেতে চাইলেন। হঠাৎ করে এক অচেনা অজানা ভদ্রলোক এসে স্টেশনে যেতে বাধা দিলেন। তিনি বললেন আমার সাথে এসো, সময় মতো আমি তোমাকে পৌঁছে দেবো। এতে প্রফুল্ল চাকির মনে কেমন যেন একটা সন্দেহ জাগলো। একজন অজানা ভদ্রলোককে কি করে বিশ্বাস করবেন, পকেটে রাখা পিস্তলের গায়ে একটু হাত ছোয়ালেন প্রফুল্ল। সর্তক থাকাই ভালো।

অচেনা পথের পথিক মুখে কিছু না বললেও তিনি প্রফুল্ল চাকির আসল পরিচয় বুঝতে পেরেছেন। খালি পায়ে প্রফুল্ল, তার ওপর কাপড়ে ধুলো মাটির ছাপ লেগে আছে। এই অবস্থায় যদি স্টেশনে যান, মুহূর্তের মধ্যে তাকে পুলিশ চিনতে ভুল করবে না। তাই সেই অচেনা পথের পথিক প্রফুল্লকে নতুন জামা, জুতো এনে দিলেন। সারাদিন তার আশ্রয়ে থাকার পর প্রফুল্লকে শুভ কামনা জানিয়ে বিদায় করলেন।

প্রফুল্ল চাকী মোকামাঘাটের একটি টিকিট কেটে নিয়ে প্ল্যাটফর্মের এক কোণে গিয়ে বসলেন। এমন সময় প্লাটফর্মে এসে হাজির হলেন সাব ইন্সপেক্টর নন্দলাল ব্যানার্জি। তিনি সবে মাত্র ছুটি কাটিয়ে আবার কর্মস্থলে ফিরে যাচ্ছেন। কেমন করে যেন নজর পড়ল প্রফুল্ল চাকির দিকে, নতুন জামা নতুন জুতো। খানিকটা সন্দেহ জাগলো নন্দলালের মনে। এদিকে প্রফুল্ল চিন্তা-ভাবনায় ডুবে আছেন ক্ষুদিরাম কেমন আছে। এদিকে নন্দলাল ব্যানার্জি প্রফুল্লর সঙ্গে ভাব জমানোর চেষ্টা করলেন।

প্রফুল্ল চাকীর কাছে এসে নন্দলাল বিপ্লবীদের প্রতি সহানভূতিশীল প্রকাশ করেছেন। এদিকে প্রফুল্ল ভাবনায় ডুবে আছে, কথা বলার ইচ্ছা নেই নন্দলালের সাথে তবুও বলতে হচ্ছে। তিনি একজন দক্ষ পুলিশ অফিসার, পেটের কথা আদায় করতে খুব ভালোই জানেন। নন্দলাল কাছে এসে আরো বললেন- ভোর রাতে কেনেডি সাহেবের গাড়িতে বোমা ছোড়া হয়েছে, মিসেস কেনেডি ও তার কন্যা সন্তান মারা যান। এই কথা শুনে হঠাৎ চমকে উঠলো প্রফুল্ল, মনে মনে ভাবছেন এটা আমরা কি করেছি। দুই নিরাপরাধ নারীকে হত্যা করেছি, আমাদের এতদিনের পরিকল্পনা ব্যার্থ হলো শেষে। তার মানে কিংসফোর্ড মারা যাননি।

প্রফুল্ল চাকীর এই ভাবনা কিন্তু নন্দলালের চোঁখে ফাঁকি দিতে পারেনি। নন্দলাল বুঝতে পড়লেন এই সেই পলাতক ব্যক্তি, তার লোভী মন আনন্দে নেচে উঠলো। ধরিয়ে দিতে পারলে মোটা অঙ্কের টাকা পুরস্কার পাওয়া যাবে। এদিকে নন্দলাল 'তার' করে দিল নিকটবর্তী পুলিশ স্টেশন মজঃফরপুরে, সঙ্গে সঙ্গে গ্রেপ্তার করার আদেশ পেলেন নন্দলাল। প্রফুল্লও নন্দলালের হাবভাব দেখে বিরক্ত হয়ে উঠলেন, ট্রেন আসার সঙ্গে সঙ্গেই প্রফুল্ল ট্রেনের এক কামরায় গিয়ে বসলেন। নন্দলালও সেই একই কামরায় গিয়ে বসলেন। এদিকে সশস্ত্র পুলিশ বাহিনী মোকামাঘাটে প্রস্তুত।

প্রফুল্ল ট্রেন থেকে নামতেই নন্দলাল তাকে গ্রেপ্তার করতে গেলে প্রফুল্ল বললেন : 'ছিঃ, আপনি একজন বাঙালি হয়ে আর একজন বাঙালিকে

ধরিয়ে দিচ্ছেন? এই আপনার কাজ?' প্রফুল্লের দেহে ছিল অসীম শক্তি, এক ঝটকায় নিজেকে পুলিশের হাত থেকে ছাড়িয়ে নিল এবং দৌড়ে যেতে লাগলেন। দুজন কনস্টেবল তাকে তারা করতে করতে প্ল্যাটফর্মের এক প্রান্তে গিয়ে দাঁড়ালেন। সেদিনটি ছিল ১লা মে ১৯০৮ সাল, তখন ঘড়ির কাঁটা ৬টার ঘরে পৌঁছে গেছে। প্রফুল্ল শেষে তার পিস্তলের নল নিজের কপাল লক্ষ্য করে গুলি ছুড়লেন, প্রাণহীন শরীরটা স্টেশনেই লুটিয়ে পড়লো।

প্রফুল্ল নন্দলালকে বলেছিলেন তার নিজের নাম দীনেশচন্দ্র রায়। এরপর তার মৃতদেহ পাঠিয়ে দেওয়া হয় ক্ষুদিরামের কাছে। ক্ষুদিরাম দেখেই চিনতে পারলেন। তারপরেও ব্রিটিশ সরকার একটি জগন্য কাজ করে গেলো, প্রফুল্ল চাকীর দেহ থেকে মস্তক আলাদা করে শেষে পাঠিয়ে দিলেন কলকাতায়। নন্দলালের চাকরিতেও প্রমোশন হলো।

কেটে গেলো ৬মাস ৮দিন, দিনটি ছিল ৯ই নভেম্বর ১৯০৮ সাল। বিপ্লবী শ্রীশচন্দ্র পাল (ওরফে নরেন) ও দুর্ধর্ষ বিপ্লবী রণেন গাঙ্গুলি (ওরফে রণেন্দ্রনাথ) একসঙ্গে মিলে বের হলেন বিশ্বাসঘাতক নন্দলাল ব্যানার্জির গৃহের দিকে। তারা অপেক্ষা করছেন নন্দলাল কখন তার গৃহ থেকে বের হবেন। তখন ঘড়ির কাটা ঠিক ৭টায় পৌঁছে গেছে। দেখা গেলো নন্দলাল তার গৃহ থেকে বের হচ্ছেন। এবার রণেন গাঙ্গুলি ও শ্রীশচন্দ্র পাল তার পিছু নিলেন। নন্দলাল সার্পেন্টাইন লেন ধরে কিছু কাগজপত্র নিয়ে চলছেন। হঠাৎ পিছন থেকে শোনা গেল- 'দাড়াও।' নন্দলাল পিছন ফিরে তাকালো, দেখলো দুই অচেনা যুবক। নন্দলাল বললেন- 'কি চাই তোমাদের'? উত্তরে জবাব এলো 'তোমাকে পুরস্কার দিতে চাই।' মুহূর্তেই তিনবার বিপ্লবীদের পিস্তল গর্জে উঠল, রাস্তার উপর নন্দলাল ব্যানার্জির দেহটি পড়ে রইল।

নিশ্চিন্ত হওয়ার জন্য রণেন গাঙ্গুলি মৃত নন্দলালের মাথায় পিস্তল দিয়ে আবার আঘাত করতে লাগলেন। নন্দলাল মৃত নিশ্চিন্ত, তাই বেশি সময় নষ্ট না করে মুহূর্তেই ঘটনাস্থল থেকে উধাও হয়ে গেলেন। কেউ জানতেও

পারলেন না এই কাজটি কে করেছে। পুলিশ তো দূরের কথা, অনেক বিপ্লবীও জানেনি এই বিষয়ে।

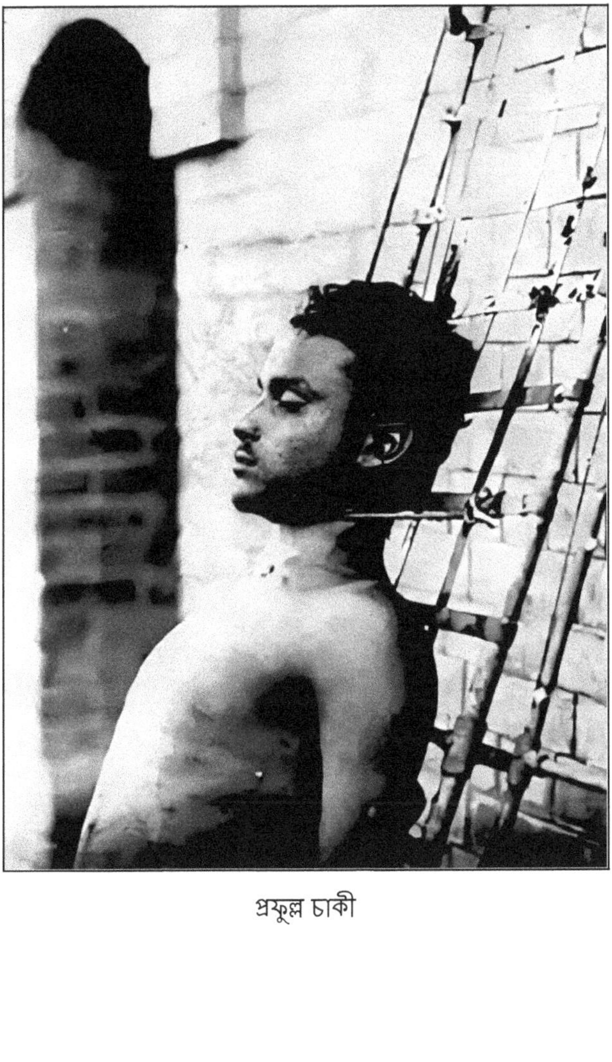

প্রফুল্ল চাকী

প্রফুল্ল চাকী

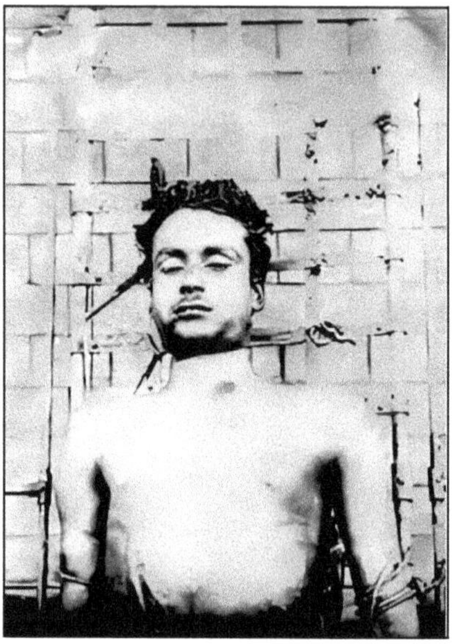

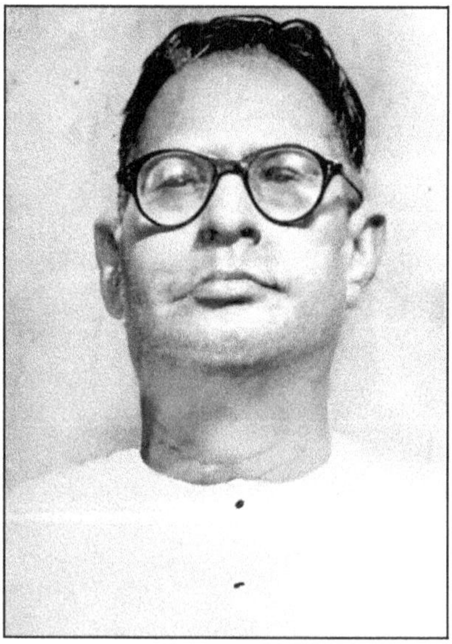

বিপিনবিহারী গাঙ্গুলি

শ্রীশচন্দ্র পাল

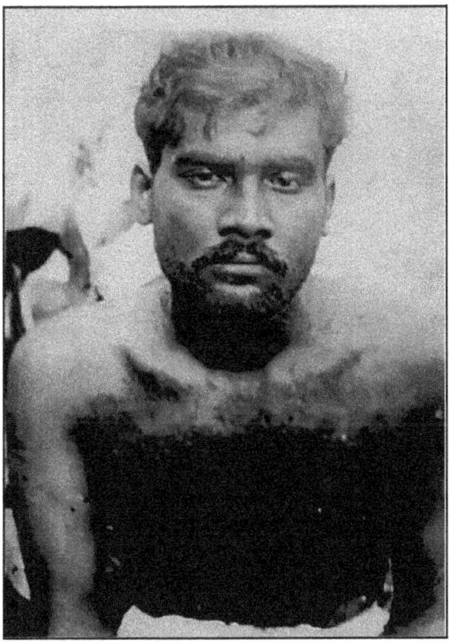

শ্রীশচন্দ্র পাল

প্রফুল্ল চাকি

প্রফুল্ল চাকী ১৮৮৮ সালের ১০ই ডিসেম্বর রংপুরে জন্মগ্রহণ করেন। তাদের আদি নিবাস ছিল বগুড়া বিহার গ্রাম। তার পিতার নাম ছিল রাজনারায়ণ চাকী। রংপুর স্কুলে পড়াশোনা করেন প্রফুল্ল, সেখানেই তিনি একটি কুস্তির আখড়া তৈরি করেন। সমবয়সী বন্ধদের সঙ্গে কুস্তি করে দিন কাটিয়ে দিতেন। কুস্তি ছাড়াও তিনি লাঠি খেলা, ছোরাখেলা ও তরবারিতেও হাত পাকিয়ে নিয়েছেন। খুব অল্প বয়সেই তিনি জাতীয় গুপ্ত কেন্দ্রের সদস্য হয়ে উঠেন।

স্কুলের ছাত্র থাকাকালীন বান্ধব সমিতিতে যোগ দেন প্রফুল্ল। সময়টা যখন জাতীয় আন্দোলনের তখন রংপুরে একটি জাতীয় বিদ্যালয় প্রতিষ্ঠিত হয়। প্রফুল্লর কাধেঁর ওপর দেওয়া হয় একটি গুরু দায়িত্ব। তরুণ যুবক ছাত্রদের লাঠি খেলা ও মুষ্টিযুদ্ধ শেখাতে হবে। তার শিক্ষাতেই ছাত্ররা উপযুক্ত শিক্ষা পেয়েছিল। তারপর তিনি একটি ত্রাণ কমিটিও গঠন করেন, যে কোন বিপর্জয়ের সঙ্গে লড়াই করতে হবে। সাধারণ মানুষের মুখে খাওয়ার তুলে দিতেন।

১৯০৬ সালে বারিন ঘোষের (ওরফে বারিন্দ্রকুমার ঘোষ) সঙ্গে প্রফুল্ল চাকি কলকাতায় চলে যান। এরপর পূর্ববঙ্গের অত্যাচারী ছোটোলাট ব্যামফিল্ট ফুলারকে বারীন ঘোষের নেতৃত্বে হত্যার পরিকল্পনা করেন। এই পরিকল্পনা ব্যার্থ হলে মানিকতলা চলে যান। সেখানে ৩২ নং মুরারিপুকুর লেনের বাগানবাড়িতে এসে আশ্রয় নেন। এরপর কলকাতার অত্যাচারী প্রেসিডেন্সি ম্যাজিস্ট্রেট কিংসফোর্ডকে হত্যা করার সিদ্ধান্ত নেয় বিপ্লবীরা।

বিপ্লবীদের হাবভাব দেখে কিংসফোর্ডকে মজঃফরপুরে বদলি করে দেয় ব্রিটিশ সরকার। এরপর পরিকল্পনা অনুযায়ী দু-জনকে পাঠানো হলো মজঃফরপুরে। তারা দু-জন আর কেউ নন, প্রফুল্ল চাকী ও ক্ষুদিরাম বসু। মজঃফরপুরে গিয়ে এক ধর্মশালায় উঠলেন এই দুই তরুণ যুবক।

সেখানেই কয়েক দিন কাটিয়ে দেয় তারা, এর মধ্যেই কিংসফোর্ড'র সমস্ত তথ্য জোগাড় করে নেয়। কিংসফোর্ড কখন কোথায় যাচ্ছে, কোথা থেকে কখন ফিরছেন।

এবার প্রফুল্ল চাকী ও ক্ষুদিরাম বসু বেরিয়ে পড়লেন কিংসফোর্ড হত্যার দুঃসাহসিক অভিযানে। দিনটি ছিল ৩০শে এপ্রিল ১৯০৮ সাল। ঘড়ির কাঁটা ঠিক তখন ৮:৩০ মিনিটের ঘরে, উইরোপিয়ান ক্লাবের বাইরে অপেক্ষা করছেন প্রফুল্ল চাকী ও ক্ষুদিরাম বসু। ক্লাব থেকে কিংসফোর্ড'র ফিটন গাড়ি বের হতে দেখে দুই বিপ্লবীর চোঁখের ইশারায় কথা হলো। সঙ্গে সঙ্গেই একটি বিস্ফোরণের শব্দ পাওয়া গেলো। দুজনের মুখেই হাসি ফুটে উঠেছে, তারা সফল হয়েছে। কিন্তু সেদিন দুর্ভাগ্যবশত কিংসফোর্ড গাড়িতে ছিলেন না। এর ফলে মারা যান মিসেস কেনেডি ও তার কন্যা সন্তান।

বিস্ফোরণের সঙ্গে সঙ্গেই প্রফুল্ল চাকী ও ক্ষুদিরাম বসু দুদিকে দুজন উধাও হয়ে গেলো। সারা রাত্রি পায়ে হেঁটে প্রফুল্ল চাকী সমস্তিপুরের দিকে ছুটেন। সমস্তিপুর স্টেশনের আগেই একজন ভদ্রলোক প্রফুল্লকে অসংখ্য সাহায্য করেন। নতুন জামা জুতো এনে দিলেন এবং সারাটা দিন তার গৃহে আশ্রয় দেন। তারপর প্রফুল্ল সমস্তিপুর স্টেশন মোকামাঘাটের টিকিট কেটে ট্রেন উঠেন। মোকামাঘাটে নামার পর নন্দলাল ব্যানার্জি কয়েকজন কনস্টেবলের সাহায্যে প্রফুল্লকে গ্রেপ্তার করতে চেষ্টা করেন।

প্রফুল্ল চাকী কি করলেন ব্রিটিশ সরকারের হাতে ধরা না দিয়ে নিজের পিস্তল বের করে আত্মবিসর্জন দিলেন। এই অগ্নিযুগের বিপ্লবীর ছদ্মনাম ছিল দীনেশচন্দ্র রায়। আর একটি নাম এখানে নেওয়ার বিশেষ প্রয়োজন, সমস্তিপুর স্টেশনের আগেই একজন ভদ্রলোক প্রফুল্লকে যে সাহায্য করেন তিনি হলেন দেশপ্রেমিক ত্রিগুণাচরণ ঘোষ। তিনি যদি সেদিন প্রফুল্ল চাকীকে সাহায্য না করতেন, হয়তো প্রফুল্ল চাকী অনেক আগেই ধরা পরতেন।

শ্রীশচন্দ্র পাল

শ্রীশচন্দ্র পাল আনুমানিক ১৮৮৭ সালে জন্মগ্রহণ করেন ঢাকার মালিবাগে। ১৯০৫ সালে গোপন বিপ্লবী দলের সঙ্গে তার পরিচয় হয়। হেমচন্দ্র ঘোষের বিপ্লবী দল মুক্তি সংঘ ও পরে বেঙ্গল ভলান্টিয়ার্স দলে যোগ দেন। শ্রীশচন্দ্র পাল ছিলেন বিপ্লবী দলের দুঃসাহসিক কর্মকাণ্ডের অন্যতম বিপ্লবী সৈনিক। কিন্তু তিনি নেতাজি সুভাষচন্দ্র বসুর এক অন্যতম ভক্ত ছিলেন। ১৯০৮ সালে কিংসফোর্ড হত্যা ষড়যন্ত্রে জড়িত বিপ্লবী প্রফুল্ল চাকীকে ধরিয়ে দেন নন্দলাল ব্যানার্জি। তার এই বিশ্বাসঘাতকতার জন্যেই প্রফুল্ল চাকী বীরের মৃত্যু বরণ করেন।

এবার বিশ্বাসঘাতক পুলিশ ইন্সপেক্টর নন্দলাল ব্যানার্জিকে শেষ করতে না পারলে, বিপ্লবের চোঁখে ঘুম নেই। এরপর বিপ্লবীরা পরিকল্পনা অনুযায়ী নন্দলাল ব্যানার্জীকে হত্যা করার সিদ্ধান্ত নেন। শ্রীশ পালের প্রধান কাজ তখন নন্দলাল ব্যানার্জিকে হত্যা করা। কারন প্রফুল্ল চাকির মৃত্যুর বদলা তাকে নিতেই হবে। নন্দলালের মতো বিশ্বাসঘাতক এ দেশে থাকলে বিপ্লব কখনোই সফল হবে না। নন্দলাল বেচেঁ থাকলে ভবিষ্যতে আরো অনেক বিপ্লবীদের ধরিয়ে দেবে।

নন্দলাল হত্যার প্রধান ভূমিকায় থাকবে শ্রীশ পাল ও এই কাজের ভার পড়েছিল আরো এক তরুণ বিপ্লবীর কাছে। আত্মোন্নতি সমিতির রনেণ গাঙ্গুলির ওপর। ৯ই নভেম্বর, ১৯০৮ সালে কলকাতার সার্পেন্টাইন লেনে সন্ধেবেলায় তারা গুলি করে হত্যা করেন নন্দলালকে। পুলিশ অনেক খোঁজার পরও কোন তথ্য প্রমাণ খুঁজে পাননি।

১৯১২ সাল অত্যাচারী ও'ব্রায়েন হত্যার ষড়যন্ত্র করছে বিপ্লবীরা। শ্রীশ পাল ও আত্মোন্নতি'র অনুকূলবাবুর পরামর্শে হরিদাস দত্ত ও খগেন দাস (ওরফে খগেন্দ্রনাথ দাস), জগদ্দল অঞ্চলের আলেকজান্ডার জুট মিলের অত্যাচারী ইঞ্জিনিয়ার রবার্ট ও'ব্রায়েনের মিলে কুলির বেশে কাজ করতে যান। পুরো তিন মাস দিনের পর দিন রবার্ট ও'ব্রায়েনের ওপর

নজরদারী করেন। শেষে তাদের এই পরিকল্পনা ফাঁস হয়ে যাওয়ার ফলে ব্যর্থ হন তারা। এরপর বহুদিন ধরে শ্রীশ পাল, খগেন দাস ও হরিদাস মিত্রকে আত্মগোপন করে থাকতে হয়। তবুও ছদ্মবেশী রূপ নিয়ে বিপ্লবী দলের সঙ্গে যোগাযোগ রাখেন শ্রীশ পাল।

এরপর শ্রীশ পাল অংশগ্রহণ করেন বিখ্যাত রডা কোম্পানির অস্ত্র অপহরণ অভিযানে। সন ১৯১৪ সালের ২৬শে আগস্ট বিপ্লবী শ্রীশচন্দ্র মিত্রের (ওরফে হাবু মিত্র) নেতৃত্বে রাজপথে দিন-দুপুরে রডা কোম্পানির মাউজার পিস্তলের বাক্স অপহরণ করা হয়।

শ্রীশচন্দ্র পাল ও হরিদাস দত্ত গরুর গাড়ির গাড়োয়ান সেজে অস্ত্র আনার জন্য রওনা দেয়। অন্যান্য গাড়ির মতই অস্ত্রের বাক্সগুলো তুলে দেওয়া হয় শ্রীশ পালের গাড়িতেও। তিনি বড়ো বুদ্ধি করে পুলিশের চোখে ধুলো দিয়ে গাড়ি বোঝাই অস্ত্র নিয়ে যান বিপ্লবীর কেন্দ্রস্থলে। এই কাজে তাকে সাহায্য করেন খগেন দাস (ওরফে খগেন্দ্রনাথ দাস), তিনি ছিলেন মুক্তি সংঘের বিপ্লবী।

শেষ পর্যন্ত তাকে ১৯১৬ সালে গ্রেপ্তার করা হয়। এরপর বহুদিন জেলে বন্দী থাকেন। অসুস্থতার কারণে শ্রীশ পালকে ১৯১৯ সালে মুক্তি দেওয়া হয়। ১৯৩৯ সালে শেষ নিশ্বাস ত্যাগ করেন বিপ্লবী শ্রীশচন্দ্র পাল।

বিপিনবিহারী গাঙ্গুলি

নন্দলাল ব্যানার্জি হত্যাকারী রণেন গাঙ্গুলি আর কেউ নন, রণেন গাঙ্গুলি ছিল এক ছদ্মনাম। ৯ই নভেম্বর, ১৯০৮ সালে কলকাতার সার্পেন্টাইন লেনে সন্ধেবেলায় শ্রীশ পাল ও রণেন গাঙ্গুলি গুলি করে হত্যা করেন নন্দলালকে। পুলিশ অনেক খোঁজার পরও কোন তথ্য প্রমাণ খুঁজে পাননি। এই রণেন গাঙ্গুলিই হলেন বিপিন বিহারী গাঙ্গুলি। তিনি ৫ই নভেম্বর ১৮৮৭ সালে জন্মগ্রহণ করেন। বিপিন গাঙ্গুলির আদি নিবাস ছিল উত্তর চব্বিশ পরগণা জেলার হালিশহরে। তার পিতার নাম ছিল অক্ষয়নাথ গাঙ্গুলি। বিপিন গাঙ্গুলি শুধু নন্দলাল ব্যানার্জিকে হত্যা করেনি, তিনি রডা কোম্পানির অস্ত্র অপহরণেও বিশেষ ভাবে জড়িত ছিলেন।

মহানায়ক রাসবিহারী বসু ও বারিন্দ্রকুমার ঘোষের সংস্পর্শে এসে বিপ্লব মন্ত্রে উজ্জীবিত হন বিপিন গাঙ্গুলি। নানা বিপ্লবী দলে যোগাযোগ ছিল তার। যুগান্তর দল ও আত্মোন্নতি সমিতির সদস্য ছিলেন তিনি। ১৮৯৭ সালে প্রতিষ্ঠিত হয় আত্মোন্নতি সমিতি তার সদস্যতা গ্রহণ করেন। এরপর ১৯১৪ সালে রডা কোম্পানির মাউজার পিস্তল অপহরণ করেন। বিপিন গাঙ্গুলির পরিকল্পনা মতো এই অপহরণ করা হয়। অপহরণের পর সেই সকল আগ্নেয়াস্ত্র বিপ্লবীদের নানা কেন্দ্রে পাঠিয়ে দেওয়া হয়। যাতে সবাই বিপ্লবের কাজে এই আগ্নেয়াস্ত্র ব্যবহার করতে পারেন।

বিপিন গাঙ্গুলির কথা এখানেই শেষ নয়, তিনি বেশ কয়েকটি গুরুত্বপূর্ণ কাজ করে গেছেন। বীর বিপ্লবী যতীন্দ্রনাথের সঙ্গেও মিলিত হয়ে কাজ করে গেছেন। ১৯১৫ সালে যুগান্তর দলের পরিকল্পনা মতো তিনি বার্ড কোম্পানির গাড়ি অপহরণ করেন যতীন্দ্রনাথের (বাঘা যতীন) সহকারী হিসেবে। এরপর বেশ কিছু সময় পেরিয়ে বিপিন গাঙ্গুলি ১৯২১ সালে কংগ্রেস আন্দোলনে শামিল হন।

বিপিন গাঙ্গুলি ১৯৩০ সালে বঙ্গীয় প্রাদেশিক কংগ্রেস সম্মেলনে সভাপতিত্ব করেন। এরপর আবারও বেশ কিছু সময় পেরিয়ে যাওয়ার পর 'ভারত ছাড়' আন্দোলনে যোগ দেন। তিনি বন্দি থাকাকালীন ২৮টি বছর নানা জেলে কাটিয়ে দেন। শেষে ১৪ই জানুয়ারি ১৯৫৪ সালে এই মহান বিপ্লবীর মহাপ্রয়াণ ঘটে।

বিশ্বাসঘাতক নরেন গোঁসাই হত্যা মামলা

সময়টা ছিল ভারতের স্বাধীনতা সংগ্রামের, বিপ্লবীরা যেমন হাঁসি মুখে প্রাণ বিসর্জন দিয়েছেন ও তেমন ভাবে কিছু দেশদ্রোহিরাও জন্ম নিয়েছিল। সালটি ছিল ১৯০৮, বিপ্লব মরিয়া হয়ে উঠেছেন। দেশের স্বাধীনতা ব্রিটিশদের হাত থেকে ছিনিয়ে আনতে হবে, নয় প্রাণ দেবো আর নাহয় প্রাণ নেবো। আর যারা ভারতবাসী হয়ে ভারত মায়ের দামাল ছেলেদের সঙ্গে বিশ্বাঘাতকতা করবে, তার মৃত্যুদণ্ড কার্যকর করবে বিপ্লবীরাই।

'আলিপুর ষড়যন্ত্র মামলা' যা আলিপুর বোমা মামলা নামেও পরিচিত। এই ষড়যন্ত্র মামলায় বাংলার অনেক বিপ্লবীই কারাগারে বন্দি। আলিপুর বোমা মামলায় যে সকল বিপ্লবীরা গ্রেপ্তার হন, - শ্রী অরবিন্দ ঘোষ, বারীন্দ্রকুমার ঘোষ (বারীন ঘোষ), উপেন্দ্রনাথ ব্যানার্জি, বিভূতি ভূষণ সরকার, অবিনাশচন্দ্র ভট্টাচার্য, উল্লাসকর দত্ত, অশোক কুমার নন্দী, নরেন্দ্র গোস্বামী (নরেন গোঁসাই), সত্যেন্দ্রনাথ বসু ও কানাইলাল দত্ত আরও অনেকে। আদালতে মামলা দায়ের করা হয় তাদের ওপর, চলল বিচারের নামে প্রহসন। ঠিক সেই সময় একই মামলার আসামি হিসেবে রাজসাক্ষী হলেন নরেন্দ্র গোস্বামী অর্থাৎ নরেন গোঁসাই। তার ব্যবহারে তরুণ বিপ্লবীরা অসন্তুষ্ট। এবার বিপ্লবীদের মাঝে কথাবার্তা শুরু হয়, যে করেই হোক নরেন গোঁসাইকে এর মূল্য দিতে হবে। আলোচনার পর নিশ্চিত হলো বিশ্বাসঘাতকতার মৃত্যুই একমাত্র পথ।

এবার নরেন গোঁসাইকে মারতে হলে পিস্তলের দরকার, জেলে বসে তা কি করে পাওয়া সম্ভব। এই বিষয়ে হেমচন্দ্র দাস কানুনগো প্রস্তাব রাখেন যদি উইরোপিয়ান ওয়ার্ডারের দুটি পিস্তল ছিনিয়ে নেওয়া হয়। এই প্রস্তাবে উল্লাসকর দত্ত রাজি হননি, এতে আরো বিপদ বেশি। তখন কানাইলাল দত্ত ও সত্যেন্দ্রনাথ বসু (সত্যেন বসু) বলেন যদি আমাদের দুটি পিস্তল সংগ্রহ করে দিতে পারেন, তাহলে যে করেই হোক আমরা

নরেন গোঁসাইকে হত্যা করবো। এরপর হেমচন্দ্র দাস কানুনগো বাইরে থেকে দুটি পিস্তল সংগ্রহ করে এনে দিলেন দুজনের হাতে।

নরেন গোঁসাই রাজসাক্ষী হওয়ার কারণে পুলিশ তাকে শিখিয়ে পড়িয়ে দিচ্ছে আদালতে কি কি বলতে হবে। তার রাজসাক্ষীর জন্য তার বিপদ অনিবার্য তাই তাকে রাখা হলো গোড়া-ডিগ্রিতে। কিন্তু পিস্তল হাতে থাকলে তো চলবে না, যাকে হত্যা করবো তাকে তো হাতের কাছে পেতে হবে। তিনি তো অন্য সেলে বন্দি। যে করেই হোক তাকে সামনা সামনি আনতে হবে। এবার কানাই ও সত্যেন (কানাইলাল দত্ত ও সত্যেন্দ্রনাথ বসু) মিলে একটি ষড়যন্ত্র সৃষ্টি করলো। এরপর সত্যেন বসু অসুস্থতার ভান করে জেল-হাসপাতালে ভর্তি হলেন ২৭শে জুলাই ১৯০৮ সালে। একই হাসপাতালে একই বায়না করে অসুস্থতার ভান করে ভর্তি হলেন ৩০শে আগস্ট কানাইলাল। সফল হতে চলেছে তাদের ষড়যন্ত্র, এবার সত্যেন বসু নরেন গোঁসাইকে চিঠিতে লিখলেন আমি খুবই অসুস্থ। আমিও বাঁচতে চাই, তাই রাজসাক্ষী হতে চাই।

খুশিতে আত্মহারা হয়ে গেলেন নরেন গোঁসাই, রাজসাক্ষী হওয়ার সঙ্গী খুঁজে পেলেন তিনি। সত্যেন বসু আরো জানান আমি আপনার সঙ্গে সরাসরি কথা বলতে চাই এই বিষয়ে, আমি জেল-হাসপাতালে ভর্তি আছি। নরেন গোঁসাই জেলা অধিপতির সাথে কথা বলে অনুমতি নিলেন। ২৯শে আগস্ট নরেনের সঙ্গে সত্যেন'র কথাবার্তা হলো, ঠিক হলো পরদিন সকালে অর্থাৎ ৩০শে আগস্ট আবার তারা এ বিষয়ে কথা বলবেন।

এবার শুধু অপেক্ষার প্রহর, ধীরে ধীরে ঘনিয়ে এলো সেই সময়। দিনটি ছিল ১লা সেপ্টেম্বর ১৯০৮ সাল, নরেন গোঁসাই দেখা করতে এলেন সত্যেনের সঙ্গে। নরেন গোঁসাই সঙ্গে করে নিয়ে এসেছেন উইরোপিয়ান ওয়ার্ডার হিগিন্সকে। নরেন গোঁসাই বসে আছেন ডিস্পেন্সারিতে, কারন গুপ্ত আলোচনা তাই। ডেকে পাঠানো হলো সত্যেন বসুকে, এরপর সত্যেন বসুও সেখানে চলে আসেন। তাদের মধ্যে কথাবার্তা শুরু হবার আগেই

গর্জে উঠল সত্যেনের পিস্তল, ক্ষনিকের মাঝেই গুলিবিদ্ধ হন নরেন গোঁসাই। গুলিবিদ্ধ অবস্থায় নরেন পালাতে শুরু করলেন হিগিন্স-এর আশ্রয়ে, মুহূর্তের মধ্যে গুলিবিদ্ধ হলেন হিগিন্স। প্রাণ বাঁচাতে পালাতে লাগলেন হিগিন্স ও নরেন গোঁসাই, নরেন এক দৌড়ে হাসপাতালের বাইরে চলে আসেন। দুজনের পিছু নিয়েছে সত্যেন বসু ও কানাইলাল দত্ত।

গুলি বৃষ্টি হচ্ছে কানাইলাল দত্তের পিস্তল থেকেও। হঠাৎ করে লিন্টন নামে একজন কানাইকে জাপটে ধরে ফেলেন। কানাইলাল দত্তের পিস্তলে একটিই গুলি অবশিষ্ঠ, তাই কানাই পিস্তলের গুলিটি বৃথা না ফুরিয়ে লিন্টনের মাথায় আঘাত করেন সেই পিস্তল দিয়েই। শেষে তার হাত ছাড়িয়ে কানাইলালের শেষ গুলিটিও গর্জন করে উঠল, নরেন গোঁসাই টাল খেয়ে খেয়ে পরে গেলো একটি ড্রেনে। এরপর পুলিশের হাতে ধরা দিলেন দুই বিপ্লবী। এই ভয়াবহ হত্যাকাণ্ড দেখে ব্রিটিশ সাম্রাজ্যের বুকে কম্পন দেখা গেলো।

এরপর শুরু হবার যা তাই হলো, বিচারের পালা। এই মামলা আদালত হতে হাইকোর্ট অব্দি পেরিয়ে গেল, দিনটি ছিল ২১শে অক্টোবর ১৯০৮ সাল। যথারীতি বিচারে ফাঁসির হুকুম হলো দুই বিপ্লবীর, কানাইলাল দত্ত ও সত্যেন্দ্রনাথ বসুর। কানাইলালকে আদালতে হাজির করার সময় তিনি একটি কথাই বলেন, "আমার কিছু বলার নেই, আমি জানি আমার সাজা কি হবে। আমি বিশ্বাসঘাতক নরেন গোঁসাইকে হত্যা করেছি, সত্যেনের কোন দোষ নেই তাকে ছেড়ে দাও। শুধু আমাকে বলে দাও আমার কবে ফাঁসি হবে।"

১৯০৮ সালের ১০ই নভেম্বর আলিপুর সেন্ট্রাল জেলে ফাঁসির মঞ্চে প্রাণ দিলেন কানাইলাল দত্ত। ২১শে নভেম্বর ফাঁসি দেওয়া হয় সত্যেন্দ্রনাথ বসুকেও।

কানাইলাল দত্ত

কানাইলাল দত্ত

কানাইলাল দত্ত

কানাইলাল দত্ত ৩১শে আগস্ট ১৮৮৮ সালে চন্দননগরে জন্মগ্রহণ করেন। তার পিতার নাম ছিল চুনিলাল দত্ত। কানাইয়ের শৈশব জিবন বোম্বাইয়ে কেটে যায়। পরে আবার চন্দননগরে ফিরে আসেন। সেখানেই ডুপ্লে বিদ্যামন্দির ও পরে হুগলি জেলার মহসীন কলেজ থেকে শিক্ষা অর্জন করেন। এরপর তার সঙ্গে সাক্ষাৎ হয় মহান বিপ্লবী চারুচন্দ্র রায়ের সঙ্গে। চারুচন্দ্র রায় ছিলেন বিপ্লবী 'যুগান্তর' পত্রিকার পরিচালক। চারুচন্দ্র রায়ের কাছেই বিপ্লব মন্ত্রে দীক্ষিত হন কানাইলাল। এরপর বি.এ. পরীক্ষা দিয়ে কলকাতায় সক্রিয় বিপ্লবী দলে যোগ দেন।

বিপ্লবী দলের সঙ্গে তার ঘনিষ্ট যোগাযোগ বেধে গেলো কলকাতায়। বিপ্লবীদের নানা বৈঠক ও অনুষ্ঠানে অংশ নেন তিনি। কিছুদিনের মধ্যেই বিপ্লবীদের প্রিয় বিশ্বাসযোগ্য পাত্র হয়ে উঠলেন কানাই। তার হাতেই দেওয়া হতো বিপ্লবীদের গুরুত্বপূর্ণ কাজ। সারা রাত্রি জেগে তিনি লিফলেট লিখতেন। তারপরের দিন সকালবেলা নানা বিপ্লবী কেন্দ্রে সেই লিফলেট বিলি করতেন। তিনি জানতেন তার এই কাজে অনেক ঝুঁকি আছে, কিন্তু তিনি কাউকেই ভয় করতেন না।

১৯০৮ সালের ২ই মে ৩২ নং লেনের 'মুরারিপুকুর বোমা মামলায় গ্রেপ্তার হলেন কানাই। বিচার চলাকালীন আলিপুর সেন্ট্রাল জেলে রাখা হয় তাকে। সেই সময় তার এক বিপ্লবী বন্ধু রাজসাক্ষী হওয়ার কথা জানান। তার নাম ছিল নরেন্দ্রনাথ গোস্বামী অর্থাৎ নরেন গোঁসাই। এরপর কানাইলাল দত্ত ও সত্যেন্দ্রনাথ বসু মিলে বিশ্বাসঘাতক নরেন গোঁসাইকে হত্যার পরিকল্পনা করে ও সেই পরিকল্পনায় তারা সফল হন। ভাবা যায় জেলের মধ্যেই কি অসম্ভব কান্ডকে তারা সম্ভব করে তুলেছেন।

কয়েদির পোশাকে কানাইকে আদালতে হাজির করা হয়। তিনি নিজের জন্যে কোন উকিল ডাকলেন না। আদালতে তিনি পরিষ্কার করে বলতে

লাগলেন- 'আমি মেরেছি নরেন গোঁসাইকে, ঘটনাস্থলে সত্যেন (সত্যেন্দ্রনাথ বসু) উপস্থিত ছিলেন না। তার কোন দোষ নেই, আমি একাই মেরেছিলাম।' জজ তাকে প্রশ্ন করলেন, 'তুমি পিস্তল কথা থেকে পেয়েছো'? কানাইলাল হেসে হেসে উত্তর দিলেন- 'আমি পিস্তল পেয়েছি ক্ষুদিরাম বসুর আত্মার কাছ থেকে।'

বিচারে কানাইয়ের প্রাণদণ্ড হলো, হাইকোর্ট তার প্রাণদণ্ড বহাল রাখলেন। কানাই জেলে থাকার সময় একটি অস্বাভাবিক ব্যাপার ঘটে গেলো, ১৬ পাউন্ড ওজন বেড়ে যায় কানাইয়ের। শেষে ১০ই নভেম্বর ১৯০৮ সাল, তখন ঘড়ির কাটা পৌঁছে গেছে সাতটার ঘরে। কানাই মৃত্যু-মঞ্চে উঠে আনন্দে ফাঁসির রজ্জু কণ্ঠে ধারন করলেন। ফাঁসির কিছু সময় আগে কানাইয়ের মা জেলখানায় ছেলের সঙ্গে দেখা করতে এলেন। তারপর কানাই কি বললেন মাকে- 'এতদিন তো তুমি
শুধু আমার মা ছিলে, দেখো আজ তুমি সারা দেশের মা হয়ে গেলে।'

ফাঁসির দিন দেখা গেলো এক অবাক কান্ড, জেলের বাইরে সহস্র লোক তার শবদেহ দেখার জন্য মরিয়া হয়ে উঠেছে। শবদেহ বাইরে যখন আনা হয় কানাইয়ের, তখন সেদিন সমস্ত জাতি নির্বিশেষে পুষ্পবর্ষণ করছেন। সে ছিল এক অশ্রুঝড়া দৃশ্য। সেই মাটিতে পড়ে যাওয়া পুষ্প সেদিন সমস্ত দেশবাসী কপালে ছুইয়েছেন। দেশবাসী দেখছেন তাদের জাতির দুলাল লেলিহান অগ্নিশিখায় পুড়ে ছাই হয়ে যাচ্ছেন।

অন্তিম যাত্রায় কানাইলাল দত্ত

সত্যেন্দ্রনাথ বসু

সত্যেন্দ্রনাথ বসু

সত্যেন্দ্রনাথ বসুর জন্ম হয়েছিল ৩০শে জুলাই ১৮৮২ সালে মেদিনীপুরে। তার পিতার নাম ছিল অভয়চরণ বসু। সত্যেন্দ্রনাথ বসু ১৮৯৭ সালে কলেজিয়েট স্কুল থেকে এন্ট্রাস পাশ করেন। সন ১৮৯৯ সালে তিনি সিটি কলেজে বি.এ. পড়ার জন্য ভর্তি হন। শরীর দুর্বলতার কারণে বি.এ. পরীক্ষা দেওয়ার সুযোগ পাননি।

সত্যেন্দ্রনাথ বসু ১৯০২ সাল থেকে বিপ্লবী কর্মকাণ্ডে জড়িয়ে পড়েন। তারপর ১৯০৬ সালে হেমচন্দ্র দাস কানুনগো বোমা তৈরির কৌশল জানতে অর্থাৎ বোমা বানানোর শিক্ষা নেওয়ার জন্য প্যারিসে চলে যান। এরজন্য হেমচন্দ্র দাস কানুনগো'র জায়গায় সত্যেন্দ্রনাথ বসুকে জেলা সংগঠক হিসেবে বসানো হয়। ১৯০৮ সালে বন্দুক রাখার অপরাধে তাকে গ্রেপ্তার করা হয়। মেদিনীপুর জেলে বিচারাধীন বন্দি ছিলেন। এরপরে তাকে বিখ্যাত 'আলিপুর বোমা মামলা'র অপরাধে আসামি করে কলকাতায় নিয়ে যাওয়া হয়। বিচার চলাকালীন সময়েই নরেন গোঁসাই নামে একজন বিশ্বাসঘাতকতা করেন। জেলের ভিতরেই নরেন গোঁসাইকে হত্যা করার সিদ্ধান্ত নেন। তার সঙ্গ দেন কানাইলাল দত্ত। এর মূল ষড়যন্ত্রকারি ছিলেন হেমচন্দ্র দাস কানুনগো ও উল্লাসকর দত্ত।

১লা সেপ্টেম্বর ১৯০৮ সাল, সত্যেন্দ্রনাথ বসু ও কানাইলাল দত্ত মিলে নরেন গোঁসাইকে গুলি করে হত্যা করেন। বিচারে দুজনের প্রাণদণ্ডের আদেশ দেওয়া হয়।

সত্যেন বসুর ফাঁসি হয়ে গেলো ২১শে নভেম্বর ১৯০৮ সালে। সেদিন জেলের বাইরে শত শত মানুষের ভিড় জমে উঠেছে, বীরের শবদেহ মাথায় তুলে নিতে। কিন্তু ব্রিটিশ সরকার এমনই নিষ্ঠুর ছিল যে, তারা নতুন আইন জারি করে ফেলেছে। তাদের মতে আসামীর আত্মীয়দের কোন শবদেহ দেওয়া হবে না। শবদেহ বাইরে নিয়ে গেলে জনতার

হৈ-হুল্লোড় শুরু হয়ে যাবে। তাই জেলের শশ্মানেই পুড়িয়ে দেওয়া হলো সত্যেন বসুর শবদেহ।

অপেক্ষাই রয়ে গেল শত শত মানুষের, তাদের বীরের শবদেহ আর তারা দেখতে পেলো না। শেষে ফিরে যেতে হলো তাদের।

সত্যেন্দ্রনাথ বসু

গ্রেপ্তারের পর সত্যেন্দ্রনাথ বসু ও কানাইলাল দত্ত

সরকারি উকিল আশুতোষ বিশ্বাস হত্যা

এদেশের মানুষ হয়ে যখন এদেশের তরুণ যুবকদের বিরুদ্ধে আদালতে মিথ্যে মামলার অভিযোগ করেন, তখন কে বা কারা এই মিথ্যাকে শিকার করবে। হ্যাঁ এমনই একজন মানুষ ছিলেন তার নাম ছিল আশুতোষ বিশ্বাস, আদালতে তাকে আশু বলেই ডাকা হতো। তিনি একজন পাবলিক প্রসিকিউটার ছিলেন অর্থাৎ সরকারি উকিল। ব্রিটিশদের কাছে তার নাম যশ অনেক, এক কথায় বোঝাতে গেলে সে ব্রিটিশ সরকারের দালাল। একটি মিথ্যে মামলা সাজানো তার কাছে তেমন কঠিন কাজ নয়। কি করে স্বদেশী বিপ্লবীদের ওপর মিথ্যে মামলা সাজানো ও সরকারি সাক্ষী সাজাতে হয়, এ বিষয় তার ভালো করেই জানা।

এরকম ব্যবহার সহ্য হলো না বিপ্লবীদের মহলে। প্রথমে নন্দলাল ব্যানার্জির হত্যা করা হয়, তারপর বিশ্বাসঘাতক নরেন গোঁসাই। এরপরই নির্দেশ এল, দেশদ্রোহী আশুতোষ বিশ্বাসকে সরিয়ে দাও। অনুশীলন সমিতির বিপ্লবী মহলে এমনই শীলমোহর লাগানো হলো। কিন্তু কে এই অভিযানে অংশ নেবেন? কে হবেন এর অধিকারী। সামনে এগিয়ে এলেন একজন প্রতিদ্বন্দ্বী তরুণ যুবক। হতে পারে সে পঙ্গু, ক্ষীণদেহী ও বেঁটে, কিন্তু তার ভেতরে লুকিয়ে আছে জ্বলন্ত অগ্নিশিখা। তার নাম হলো চারুচন্দ্র বসু। চারু বসুর ডান হাত একেবারেই অচল, জন্ম থেকেই তিনি প্রতিদ্বন্দ্বী। ডান হাতের পাতা ও আঙুলগুলো জন্ম থেকেই নেই।

প্রতিদ্বন্দ্বী হওয়া সত্ত্বেও কে জানতো তার অন্তরে আছে আগুনের ছোঁয়া। জানা যায় যে তার অন্তরে বিপ্লবের প্রেরণা যুগিয়েছিলেন স্বয়ং যতীন্দ্রনাথ মুখার্জি (বাঘা যতীন)। চারু বসু কেদার বসুর লেনের ১/১ নং গৃহে থাকতেন। ওই বাড়িটি ছিল বিপ্লবী গীষ্পতি রায়চৌধুরীর।

তারপর সেখান থেকে তিনি কাজে যেতেন ১৩৬-বি নং 'হিতৈষী প্রেসে' যা রসা রোডে অবস্থিত।

চারুচন্দ্র বসুকে এবার তার লক্ষ্যে পৌঁছতে হবে। দিনটি ছিল ১০ই ফেব্রয়ারি ১৯০৯ সাল, চারুচন্দ্র বেরিয়ে পড়লেন কর্তব্য পালনের ব্রত নিয়ে আশুতোষ হত্যার কাজে। শক্ত করে বেঁধে নীল ডান হাতে একটি পিস্তল, বা-হাত দিয়ে ট্রিগার চেপে করবে এবার শত্রু নিধন। আলিপুর কোর্টে এসে হাজির হলেন চারু, সারাদিন কেটে গেল আশুর অপেক্ষায়। বিকেলের দিকে দেখা গেলো আশু বেরিয়ে আসছে কোর্ট থেকে, চারু যথা সময়ে পৌছে আশুর রাস্তা বন্ধ করে দিলেন। আশুর সামনে চারু তার পঙ্গু হাত বাড়িয়ে দিলেন, আশু কিছু বোঝার আগেই চারু বা-হাত দিয়ে পিস্তলের ট্রিগার চেপে দিলেন। গর্জে উঠল ভীষণ শব্দে চারুর পিস্তল।

আলিপুর কোর্টের সম্মুখে আশুতোষ বিশ্বাসের দেহটা লুটিয়ে পড়লো। আরো এক দেশদ্রোহীর মৃত্যুদণ্ড দিলেন ভারত মায়ের দামাল ছেলে। ইতিমধ্যেই চারু পুলিশের হাতে বন্দী। কিন্তু ব্রিটিশ সরকারের একই চলল অকথ্য অত্যাচার ও নির্যাতন। এদিকে চারুচন্দ্র অনড়, অটল ছিলেন। তার মুখ থেকে কোন তথ্য বের করা গেলো না।

এরপর বিচারের পালা, কোর্টে দায়রা জজের সামনে চারুকে হাজির করা হয়। সেখানে চারু বসু কি বললেন জানেন, তিনি বললেন-- 'সেসানের বিচার অবান্তর। কালই আমার ফাঁসি দেওয়া হোক! সবই ভবিতব্য-- আশুবাবু আমার বুলেটে মরবেন আর আমি ফাঁসির দড়ি গলায় পরব। দেশের শত্রু বলেই আমি তাকে নিধন করেছি।' বিচারে রায় বের হলো, চারুচন্দ্র বসুকে প্রাণদণ্ড দেওয়া হলো। প্রাণদণ্ড বহাল রাখা হয়। চারুকে অনেক অনুরোধ করা সত্ত্বেও তিনি ব্রিটিশের দরবারে আপিল করতে রাজি হলেন না।

১৯শে মার্চ ১৯০৯ সালে চারুচন্দ্র বসু আলিপুর সেন্ট্রাল জেলে ফাঁসির মঞ্চে আরোহণ করেন। মহাদর্পীয় গৌরবের সঙ্গে তিনি ফাঁসির দড়ি গলায় ধারণ করলেন। মাত্র ২০ বছর বয়সে চারুচন্দ্র বসু এক প্রতিদ্বন্দ্বী

হওয়া সত্ত্বেও প্রমাণ করে দিলেন, ভারতীয়রা যে কোন পরিস্থিতিতেও দুর্বল নয়।

চারুচন্দ্র বসু

চারুচন্দ্র বসু

চারুচন্দ্র বসুর জন্ম হয়েছিল ১৮৯০ সালে, তৎকালীন খুলনা জেলার শোভনা গ্রামে। তার পিতার নাম ছিল কেশবচন্দ্র বসু। প্রথম দশকে স্বদেশী আন্দোলনে অংশগ্রহণ করেন এবং পরে অনুশীলন সমিতির সদস্যভুক্ত হন।

আলীপুর ও মুরারীপুকুর বোমা মামলাসহ অন্যান্য মামলার ইংরেজ সরকার পক্ষের উকিল ছিলেন আশুতোষ বিশ্বাস। তিনি সক্রিয়ভাবে বিভিন্ন বিপ্লবীর শাস্তি নিশ্চিত করার জন্য তাদের বিরুদ্ধে সাক্ষ্যপ্রমাণ সংগ্রহের সহায়তা করতেন। যে করেই হোক তাকে মারতেই হবে। এই কাজের দায়িত্ব অর্পণ করা হয় চারুচন্দ্র বসুকে। তার পর তিনি পঙ্গু ডান হাতে পিস্তল নিয়ে গায়ে শাল জড়িয়ে বেরিয়ে পড়লেন চারুচন্দ্র বসু আদালতের প্রাঙ্গণে। দিনটি ছিল ১০ই ফেব্রুয়ারি ১৯০৯ সাল, উকিল আশুতোষ বিশ্বাস যখন আদালত থেকে বেরিয়ে আসে তখন চারুর পিস্তলটি গর্জে উঠে। আশুতোষ বিশ্বাস চিল্লাতে লাগলো আর পালাতে থাকে, কিন্তু চারুর পিস্তল থেকে আরো গুলি বেরিয়ে পড়লো। ঘটনাস্থলে মারা গেলেন আশুতোষ বিশ্বাস। ততক্ষণে পুলিসের দল তাকে চারিদিক থেকে ঘিরে রেখেছে, চারুচন্দ্র বসুকে গ্রেপ্তার করা হলো।

বিপ্লবী যুবকের ওপর অকথ্য অত্যাচার করা হলো, কিন্তু পুলিশ তার মুখ থেকে কোন আদায় করতে পারলো না। আদালতের কার্যবিবরণী শেষ হয় ১৯০৯ সালের ২২শে ফেব্রুয়ারি।

বিচারে তার ফাঁসির হুকুম হয় এবং ১৯শে মার্চ, ১৯০৯ সালে আলিপুর কেন্দ্রীয় কারগারে ফাঁসির মঞ্চে জীবনের জয়গান গেয়ে যান।

স্যার কার্জন ওয়াইলি হত্যাকাণ্ড

সময়টা ছিল ১৯০৫ সাল, ভারতে যখন বিদ্রোহ বিপ্লবের ঢেউ আঁচড়ে পড়ে। তখন এই ঢেউয়ের আঁচ আঁচড়ে পরে বিলেতের মাটিতেও। ভারতের অনেক তরুণ তখন বিলেতের মাটিতে। ইতিমধ্যেই প্রবাসী বিপ্লবী শ্যামজী কৃষ্ণ বর্মা 'ইন্ডিয়া হাউস' স্থাপন করেন বিদেশে। এই 'ইন্ডিয়া হাউস' ছিল ভারতীয় ছাত্রদের বোর্ডিং। সেখান থেকেই শ্যামজি কৃষ্ণ বর্মা বিপ্লবের মতবাদ প্রচার করেন। অন্যদিকে ব্রিটিশ সরকার শ্যামজি কৃষ্ণ বর্মার ওপর কড়া নজরদারী শুরু করে। ব্রিটিশ সরকার বুঝতে পারেন 'ইন্ডিয়া হাউসে'র মাধ্যমেই তিনি তরুণ যুবক ছাত্রদের বিপ্লব মন্ত্রে দীক্ষা দিচ্ছেন। এরপর শ্যামজি কৃষ্ণ বর্মা গ্রেপ্তার এড়াতে প্রথমে প্যারিস চলে যান ও তার পর সেখান থেকে সুইজারল্যান্ড।

এরপর 'ইন্ডিয়া হাউসে'র নেতৃত্ব গ্রহণ করেন বীর বিপ্লবী বিনায়ক দামোদর সাভারকর। তখনকার সময়টা ছিল ১৯০৯ সাল, তার এই কাজ তখন দুঃসাহসিক হয়ে ওঠে। সেখানে সদস্যদের গোপনে পিস্তল চালানোর শিক্ষা দেওয়া হচ্ছে। ঠিক তখন ভারতের সচিব লর্ড মর্লের এ.ডি.সি. ছিলেন স্যার উইলিয়াম কার্জন ওয়াইলি। সরকারী মতো তখন তাকে বিলেতে প্রবাসী ভারতীয় ছাত্রদের দেখাশোনার দায়িত্ব দেওয়া হয়। কিন্তু দেখাশোনা করা তো দূরের কথা, তাকে গোপনে তাদের ওপর গোয়েন্দাগিরির দায়িত্ব অর্পণ করা হয়।

ইতিমধ্যেই প্লেগ কমিশনার মিঃ র‍্যান্ড ও লেফটেন্যান্ট আয়ার্স্ট, তারপর গণেশ শঙ্কর দ্রাবিড় ও তার ভাই রামচন্দ্র দ্রাবিড় হত্যা মামলায় ফাঁসির মঞ্চে প্রাণ দিলেন 'চাপেকার বন্ধু।' দামোদর হরি চাপেকার, বালকৃষ্ণ হরি চাপেকার, বাসুদেব হরি চাপেকার ও মহাদেব বিনায়াক রানাডে। এরপর বাংলায় কিংসফোর্ড হত্যা মামলায় প্রফুল্ল চাকী ও ক্ষুদিরাম বসু। বিশ্বাসঘাতক নরেন গোঁসাই হত্যা মামলায় সত্যেন্দ্রনাথ

বসু ও কানাইলাল দত্ত ফাঁসির মঞ্চে প্রাণ হারান। এরপরেও ভারতীয় ছাত্রদের ওপর কড়া নজর রাখছে ব্রিটিশ অফিসার স্যার কার্জন ওয়াইলি।

'ইন্ডিয়া হাউসে'র ছাত্র ছিলেন মদনলাল ধিংড়া। তিনি বীর বিপ্লবী দামোদর সাভারকরকে রাজনৈতিক গুরু হিসেবে স্বীকার করেন। ছাত্র হিসেবে মদনলাল ধিংড়া বিপ্লব মন্ত্রে দীক্ষিত হন সাভারকরের কাছ থেকে। তিনি শপথ গ্রহণ করলেন- 'ভারতবাসীর এই জাতীয় অবমাননার প্রত্যুত্তর আমি দেব।' এবার ভারতীয়দের ওপর গোয়েন্দাগিরি করার শাস্তি পাবে স্যার কার্জন ওয়াইলি। এই কাজে এগিয়ে এলেন মদনলাল ধিংড়া।

দিনটি ছিল ১লা জুলাই ১৯০৯ সাল, লন্ডনের জাহাঙ্গীর মহলে 'ন্যাশনাল অ্যাসোসিয়েশনে'র পক্ষ থেকে বার্ষিক উৎসব উপলক্ষে অনুষ্ঠিত হয় একটি পার্টি। সেই পার্টিতে যোগ দেন কার্জন ওয়াইলি, এবং সেই পার্টিতেই মদনলাল ধিংড়ার পিস্তল গর্জে উঠে। সেই গর্জে উঠা পিস্তলের গুলিতে প্রাণ হারান কার্জন ওয়াইলি। আহত কার্জন ওয়াইলিকে সাহায্য করতে এগিয়ে এলেন রাজভক্ত পারসি ডাক্তার লালকাকা। তিনিও মদনলাল ধিংড়ার গুলিতে প্রাণ হারান।

ভাবতেও অবাক লাগে, একজন ভারতীয় বিদেশের মাটিতে সিংহের মতো গর্জে উঠতে পারে। সঙ্গে সঙ্গেই তাকে গ্রেপ্তার করা হয়। গ্রেপ্তারের পর মদনলাল ধিংড়ার পকেট থেকে এক টুকরো কাগজ পাওয়া যায়। সেই কাগজে লেখা ছিল- 'ভারতীয় যুবকদের প্রতি নির্বিচারে জেল ও প্রাণ দণ্ডাদেশের ক্ষীণ প্রতিবাদ হিসেবে আমি স্বেচ্ছায় ব্রিটিশদের রক্ত ঝরাতে চেষ্টা করলাম।'

বিচারে মদনলাল ধিংড়ার মৃত্যুদণ্ড দেওয়া হলো। ১৭ই আগস্ট ১৯০৯ সালে ফাঁসি হয় লন্ডনের জেলে।

মদনলাল ধিংড়া

মদনলাল ধিংড়ার জন্ম হয়েছিল ১৮৮৭ সালে পাঞ্জাবের অমৃতসরে। প্রথম শিক্ষা তিনি লাহোরেই প্রাপ্ত করেন, পড়াশোনায় মন বেশ একটা ছিল না তার। শরীর গঠনের দিকেই বেশি আত্মনিয়োগ করেন তিনি। পাঞ্জাব বিশ্ববিদ্যালয় থেকে তিনি বি.এ. পাশ করেন। পরবর্তী পড়াশোনা করার জন্য লন্ডনে যেতে হয় তাকে। সেখানে তিনি শ্যামজী কৃষ্ণ বর্মার 'ইন্ডিয়া হাউস' স্থাপন করার পর সদস্য রূপে যোগ দেন।

মদনলাল ধিংড়া ১লা জুলাই ১৯০৯ সালে স্যার কার্জন ওয়াইলিকে গুলি করে হত্যা করেন। তারপর তাকে গ্রেপ্তার করা হয়, ১০ই জুলাই তাকে ম্যাজিস্ট্রেটের আদালতে হাজির করা হয়। সেখানে মদনলাল ধিংড়া কয়েকটি মন্তব্য রাখেন, তিনি উচ্চ কণ্ঠে বলেছিলেন - 'জার্মানদের যেমন ব্রিটেন দখল করার অধিকার নেই, ব্রিটেনেরও তেমনই ভারতবর্ষ দখলের কোন এক্তিয়ার নেই। এই ব্রিটিশ আমার জন্মভূমি ভারতবর্ষকে অপবিত্র করতে চায়। তাকে হত্যা করা আমার কাছে ন্যায়ের নির্দেশ। ব্রিটিশদের কপটতা, অশোভন মিথ্যাচার ও বিদ্রুপবর্ষি আচরণ দেখে আমি স্তম্ভিত।

আমি বিশ্বাস করি যে, বিদেশি বেয়নেটের চাপে একটা জাতিকে দাবিয়ে রাখা মানে সেই জাতিকে নিয়ত যুদ্ধরত থাকতে বাধ্য করা। কিন্তু প্রকাশ্য যুদ্ধের সুযোগ নেই। কারণ, আইন করে আমাদের অস্ত্র অপহরণ করা হয়েছে। তাই আমি আমার শত্রুকে আক্রমণ করেছি। পিস্তলের লাইসেন্স আমাকে দেওয়া হবে না, তাই এক্ষেত্রে গর্জে উঠে আমার গোপন পিস্তল।'

তিনি আরও বলেছিলেন - 'ভারতবর্ষকে বর্তমানে কেবল একটি মাত্র শিক্ষাই গ্রহণ করতে হবে - সে হলো মৃত্যুবরণের শিক্ষা এবং সে শিক্ষা দেবার পদ্ধতি মাত্র একটি - নিজে মৃত্যুবরণ করে মৃত্যুভয়হীন হওয়ার

শিক্ষাদান। তাই আমি নিজে মৃত্যুবরণ করেছি। আমার আত্মনিবেদন জয়যুক্ত হোক।'

তার এই কথা শুনে সেখানে অপস্থিত অনেকের চোখেই জল চলে আসে। তার সব শেষে তিনি বিধাতার কাছে অন্তিম প্রার্থনা জানান - 'আমার একমাত্র কামনা, আমি যেন বার বার আমার গর্ভধারিণীর বুকে জন্মগ্রহণ করে বার বার দেশোদ্ধারের সাধনায় মৃত্যুকে আলিঙ্গন করি - যতদিন না আমার ভারতভূমি সম্পূর্ণ স্বাধীন হয়ে বিশ্ব সভায় গৌরবের আসনে প্রতিষ্ঠিত হন।'

বিচারে মদনলাল ধিংড়ার ফাঁসির আদেশ হয়। ১৭ই আগস্ট ১৯০৯ সাল, ভারত জন্মভূমি থেকে অনেক দূরে লন্ডনের মাটিতে ফাঁসি দেওয়া হয় তাকে। এই ছিল ভারতের প্রথম বিপ্লবী যাকে জন্মভূমি থেকে বহুদূরে ফাঁসির কাঠে প্রাণ দিতে হয়।

মদনলাল ধিংড়া

এ.এম.টি. জ্যাকসন হত্যা

মহারাষ্ট্রের বুকে একের পর এক বিপ্লব সংগঠন সৃষ্টি হয়। মহারাষ্ট্রের বুকেই চাপেকারের তিন ভাই ফাঁসির মঞ্চে মৃত্যুবরণ করেন। সময়টা যখন অগ্নিযুগের, স্বাধীনতা ছিনিয়ে আনতে গেলে সশস্ত্র বিপ্লবের প্রয়োজন। কিন্তু বিপ্লবের কাজ কি করে সফল হবে। যতদিন ব্রিটিশ সরকারের অত্যাচার বেড়েই থাকবে, কিছু কিছু ব্রিটিশ অফিসার তার অধিকতম সীমা ছড়িয়ে যাচ্ছেন। এদিকে বিপ্লবের ডাইরীতে তাদের নাম উঠে গেছে।

বিপ্লবী গণেশ দামোদর সাভারকর এবং বিনায়ক দামোদর সাভারকরের প্রতিষ্ঠিত বিপ্লবী সংগঠন গড়ে তোলেন 'অভিনব ভারত'। এই সংগঠনে অনেক বিপ্লবীই যুক্ত ছিলেন, যেমন - অনন্ত লক্ষ্মণ কানহেরে, কৃষ্ণগোপাল কারভে ও বিনায়ক নারায়ণ দেশপাণ্ডে আরো অনেকেই। এদিকে দিন দিন অত্যাচারী ব্রিটিশ অফিসার নাসিকের কালেক্টর এ.এম.টি. জ্যাকসনের অত্যাচার বেড়েই চলেছে। তাই এবার বিপ্লবের মহলে নাম উঠে এলো জ্যাকসন হত্যা।

জ্যাকসনকে পৃথিবী থেকে সরাতে না পারলে বিপ্লব কখনোই সফল হবে না। বিপ্লব মহলের পরিকল্পনা অনুযায়ী জ্যাকসন হত্যার দায়িত্ব দেওয়া হয় অনন্ত লক্ষ্মণ কানহেরেকে। অনন্ত লক্ষ্মণ কানহেরেকে কিন্তু একাই পাঠানো হলো না, তাকে সঙ্গী হিসেবে দেওয়া হলো কৃষ্ণগোপাল কারভে ও বিনায়ক নারায়ণ দেশপাণ্ডেকে। এই পরিকল্পনায় আরো বেশ কয়েকজন বিপ্লবী উপস্থিত ছিলেন। ঠিক হলো জ্যাকসন নাসিকের বিজয়ানন্দ থিয়েটারে নাটক দেখতে যান, সেখানেই তাকে হত্যা করার সুযোগ পাওয়া যাবে। কেনোনা জ্যাকসন কিন্তু মারাঠি ভাষার খুব বড়ো ভক্ত ছিলেন, সেখানে নাটক দেখতে প্রায়ই যান তিনি।

দিনটি ছিল ১৯০৯ সালের ২১শে ডিসেম্বর, সেদিন ছিল বিজয়ানন্দ থিয়েটারে 'শারদা' নাটকটির অন্তিম অনুষ্ঠান। ওই দিন থিয়েটারে

উপস্থিত ছিলেন জ্যাকসন। তার ঠিক কিছু সময় পর উপস্থিত হন অনন্ত লক্ষ্মণ কানহেরে, কৃষ্ণগোপাল কারভে ও বিনায়ক নারায়ণ দেশপাণ্ডে। যেহতু তাদের পরিকল্পনা অনুযায়ী অনন্ত লক্ষ্মণ জ্যাকসনকে হত্যা করবেন, আর কৃষ্ণগোপাল ও বিনায়ক দেশপাণ্ডে থিয়েটারের অন্ধকারে লুকিয়ে থাকবেন। যদি কোন ভুলবশত অনন্ত লক্ষ্মণ জ্যাকসনকে হত্যা করতে ব্যার্থ হয়, তার পরিবর্তে এগিয়ে যাবেন কৃষ্ণগোপাল ও বিনায়ক দেশপাণ্ডে।

এরপর অনন্ত তার লক্ষ্যকে স্থীর করে এগিয়ে গেলেন। তিনি দেখলেন এবার জ্যাকসনকে হাতের মুঠোয় পাওয়া গেছে, এটাই সুযোগ। আর দেরি না করে জ্যাকসনকে লক্ষ্য করে গুলি চালান অনন্ত, এদিকে কৃষ্ণগোপাল ও বিনায়ক দেশপাণ্ডে পিস্তল হাতে প্রস্তুত। জ্যাকসন পালাবার চেষ্টা করলে, দ্বিতীয়বারের মতো গর্জে উঠল অনন্তর পিস্তল আর সঙ্গে সঙ্গেই মাটিতে লুটিয়ে পড়লেন এ.এম.টি. জ্যাকসন। পিস্তলের প্রতিটি গুলিই চালিয়ে দিলেন জ্যাকসনের শরীরে।

অনন্ত নিজের স্থানেই দাঁড়িয়ে ছিলেন, এরপর সেখানেই পুলিশ তাকে গ্রেপ্তার করে। কিন্তু অনন্তর সেদিন কাজ শেষে নিজেই আত্মহত্যা করার কথা ছিল, কি দুর্ভাগ্য সে সুযোগটাও পাননি তিনি। এই ঘটনাকে কেন্দ্র করে মহারাষ্ট্রের বুকে সে সময় ব্যাপক ধরপাকড় শুরু হয়। ১৯০৯ সালের ২২শে ডিসেম্বর ধরা পড়লো দত্তাত্রেয় পাণ্ডুরাম যোশী ও গণেশ বি বৈদ্য। ২৩শে ডিসেম্বর ধরা পড়লেন বিনায়ক নারায়ণ দেশপান্ডে ও শংকর রামচন্দ্র সোমান। তার পরের দিন অর্থাৎ ২৪ তারিখে ধরা পড়লেন কৃষ্ণগোপাল কারভে। মাসের শেষ দিকে ৩০শে ডিসেম্বর ধরা পড়েন বামন নারায়ণ যোশী।

এবার সেই সকল বিপ্লবীদের বিরুদ্ধে বোম্বাই হাইকোর্টে জ্যাকসন হত্যার অভিযোগ দায়ের করা হয় ১৯১০ সালের ২০ই মার্চ। বিচারের রায়ে মৃত্যুদণ্ডে দণ্ডিত করা হয় - অনন্ত লক্ষ্মণ কানহেরে, কৃষ্ণগোপাল কারভে ও বিনায়ক নারায়ণ দেশপাণ্ডেকে। যাবজ্জীবন কারাদন্ডের সাজা

পেলেন বামন নারায়ণ যোশী, শংকর রামচন্দ্র সোমান ও গণেশ বি বৈদ্য। আর বাকি একজন দত্তাত্রেয় পাণ্ডুরাম যোশী পেলেন দু-বছরের সশ্রম কারাদণ্ড।

এরপর ঠিক এক মাস পর ১৯১০ সালের ১৯শে এপ্রিল, ফাঁসির মঞ্চে জীবনের জয়গান গেয়ে গেলেন মহারাষ্ট্রের তিন যুবক অনন্ত লক্ষ্মণ কানহেরে, কৃষ্ণগোপাল কারভে ও বিনায়ক নারায়ণ দেশপাণ্ডে। এর পরও ব্রিটিশ সরকার এমন একটি দুঃখজনক ঘটনা ঘটিয়ে দিলেন যে, তিন যুবকের শবদেহ গুলি তাদের আত্মীয়স্বজনের হাতে তুলে দিলেন না। জেলের মাঝেই অগ্নিযুগের তিন সূর্য সন্তানের শবদেহ পুড়িয়ে দেওয়া হয়।

এই ছিল জ্যাকসন হত্যার তিন অগ্নি মহানায়কের কথা। তারা ফাঁসির মঞ্চে ওঠে প্রমাণ করে দিলেন, ভারত মায়ের দামাল ছেলেরা কখনো পিছিয়ে থাকে না।

অভিনব ভারতের তরুণ বিপ্লবীরা

অনন্ত লক্ষ্মণ কানহেরে

কৃষ্ণগোপাল কারভে

বিনায়ক নারায়ণ দেশপাণ্ডে

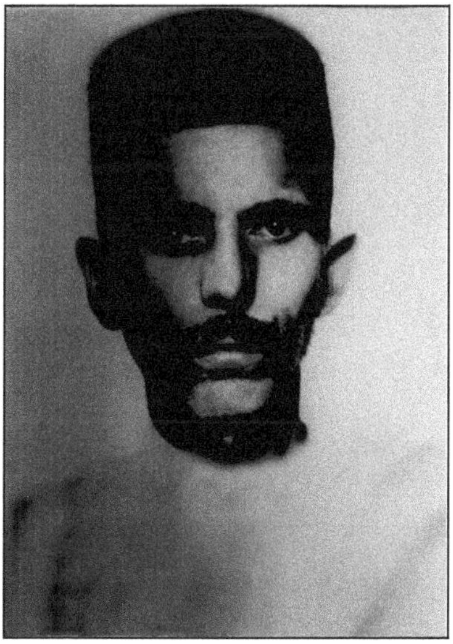

বামন নারায়ণ যোশী

অনন্ত লক্ষ্মণ কানহেরে

অনন্ত লক্ষ্মণ কানহেরে জন্মগ্রহণ করেন ১৮৯২ সালের ৭ই জানুয়ারি ইন্দোরে। তারা দুই বোন এবং দুই ভাই ছিলেন। তার প্রাথমিক শিক্ষা ইন্দোরে হয় এবং তাঁর পরবর্তী শিক্ষা আওরঙ্গবাদে সম্পন্ন করেন মামার বাড়িতে থেকে। তাঁর বড় ভাইয়ের নাম গণপতি। তার পূর্ব পুরুষ রত্নগিরি জেলার বাসিন্দা ছিলেন। সেই সময় ভারতের স্বাধীনতা সংগ্রামের লড়াইয়ে দুটি ধাপ স্পষ্ট দেখা দেয়। প্রথম ধাপ কংগ্রেস সশস্ত্র লড়াইয়ের বিরুদ্ধে ছিলেন। তাদের লড়াই ছিল অহিংসা।

স্বাধীনতা সংগ্রামের দ্বিতীয় ধাপ ছিল সশস্ত্র সংগ্রাম। তখনকার তরুণ যুবকরা মনে করতেন অস্ত্র শস্ত্রের ফলে স্বাধীনতা প্রাপ্ত হতে পারে। যখন ১৯০৫ সালে ব্রিটিশ সরকার হিন্দু ও মুসলমানদের মধ্যে ভেদাভেদ সৃষ্টি করেন। তারপর বাংলাকে ভাগ করে দেন, এর ফলে বিপ্লবীদের মনে তীব্র বিপ্লবের অগ্নিস্ফুলিঙ্গ জ্বলে উঠে।

অনন্ত লক্ষ্মণ কানহেরে আরও শিক্ষার জন্য ১৯০৩ সালে মামার সাথে আওরঙ্গবাদে গিয়েছিলেন। তাঁর ভাই গণপতিও বারশীতে থাকতেন। কিছুকাল তাঁর সাথে থাকার পরে তিনি ১৯০৮ সালে তিনি আওরঙ্গাবাদ ফিরে এসে গঙ্গারাম রূপচাঁদ শ্রফের বাড়িতে ভাড়াটে থাকতেন। গঙ্গারামের টোনপে নামে এক বন্ধু ছিল। তিনি নাসিকের বিপ্লবী দলের গোপন সদস্য ছিলেন। নাসিকের এক গণু (গনেশ) বৈদ্য তাঁর আত্মীয়ের সাথে দেখা করতে ইয়েলা যেতেন। গনু ইয়েলাতে গঙ্গারামের সাথে পরিচিত হয়। নাসিক সিক্রেট সোসাইটির অস্ত্র কেনার জন্য তিনি গঙ্গারামের সাথে আওরঙ্গবাদে গিয়েছিলেন। অনন্ত লক্ষ্মণ কানহেরে আওরঙ্গবাদে এই বৈদ্যের সাথে পরিচিত হন।

অনন্ত লক্ষ্মণ কানহেরে এক সময় একজন চিকিৎসকের সাথে পরিচিত হন। পরে কানহেরে সেদিনের বন্ধুত্ব নিয়ে 'মিত্র প্রেম' নামে একটি উপন্যাস রচনা করেছিলেন। কানহেরে বিপ্লবী দলের কাজের প্রতি আকৃষ্ট

হয়েছিল। সাভারকর ভাইয়েরা নাসিকে 'অভিনব ভারত' সংস্থা প্রতিষ্ঠা করেছিলেন। কৃষ্ণজি গোপাল কারভে বাবারাও সাভারকারের পরিচালনায় এমন একটি গোপন দল গঠন করেছিলেন। এই সংস্থার আরেক সদস্য ছিলেন বিনায়ক নারায়ণ দেশপাণ্ডে। সাভারকর ভাইদের দ্বারা অনুপ্রাণিত হন অনন্ত কানহেরে।

তার ১৯০৯ সালে ব্রিটিশ সরকারের বিরুদ্ধে নানা দেশাত্ববোধক কবিতা সামগ্রী প্রকাশিত করার অভিযোগে জয় গনেশ সাভারকরকে যাবজ্জীবন কারাদন্ডের আদেশ দেওয়া হয়েছে। এর ফলে বিপ্লবীরা আরো ক্ষিপ্ত হয়ে ওঠেন। তার পরই জ্যাকসনকে মুম্বাইয়ের উচ্চতর পদে স্থানান্তর করা হয়েছিল। নাসিকে তাকে হত্যা করা সহজ ছিল। 'শারদা' নাটকটি জ্যাকসনের বিদায়ী অনুষ্ঠানের জন্য ১৯০৯ সালের ২১শে ডিসেম্বর নাসিকের বিজয়ানন্দ থিয়েটারে মঞ্চস্থ হয়। সেখানেই জ্যাকসনকে গুলি করে হত্যা করেন অনন্ত কানহেরে। এই হত্যা মামলায় জড়িত ছিলেন কৃষ্ণগোপাল কারভে ও বিনায়ক নারায়ণ দেশপাণ্ডে।

২০ই মার্চ ১৯১০ সালে আদালতে তিনজনকেই মৃত্যুদন্ডের আদেশ দেওয়া হয়। শেষে ১৯ই এপ্রিল, ১৯১০ সালেই তিনজনকেই বন্দি কারাগারে ফাঁসি দেওয়া হয়েছিল।

কৃষ্ণগোপাল কারভে

কৃষ্ণগোপাল কারভে তিনি 'আনা কারভে' নামেও বিশেষ পরিচিত ছিলেন। গোপাল কারভে হিন্দু দর্শনের একজন পণ্ডিত ছিলেন। পুনর্জন্ম ধারণার প্রতি তাঁর প্রচণ্ড বিশ্বাস ছিল।

সুতরাং তিনি পুনর্জন্মের সমন্ধে একথাও বলতেন, 'আমি যদি তাড়াতাড়ি মারা যাই তবে আমি আবারও পুনর্বার জন্মগ্রহণ করব এবং আবার ব্রিটিশদের সাথে লড়াই শুরু করতে পারবো।' এই মহান বিপ্লবীর জন্ম হয়েছিল ১৮৮৭ সালে নাসিকে। তিনি বি.এ. অনার্স এ পড়াশোনা করেন, তখন তার বয়স ছিল মাত্র ২৩ বছর।

বি.এ. অনার্স শেষ করার পরে বোম্বে বিশ্ববিদ্যালয়ে আইন অধ্যয়নের জন্য এল.এল.বি কোর্সে ভর্তি হন। তিনি ছিলেন মহারাষ্ট্রের অন্যতম গোপন সংস্থার চলমান চেতনা। তিনি নাসিকের অভিনব ভারত সোসাইটি সদস্যে যোগদান করেন, গণেশ দামোদর সাভারকর এবং বিনায়ক দামোদর সাভারকরের প্রতিষ্ঠিত বিপ্লবী সংগঠন 'অভিনব ভারত'। তিনি গোপন সংস্থায় শঙ্কর, রামচন্দ্র, সোমেনকে বিপ্লবের দীক্ষা দিয়েছিলেন। তিনি আবার বোমার প্রস্তুতিও জানতেন এবং সেই প্রক্রিয়া গুলি বামন নারায়ণ যোশী ও রামচন্দ্রকেও শিখিয়েছিলেন।

কৃষ্ণগোপাল কারভে, গোপাল রাও পাটঙ্করের কাছ থেকে সাতটি ব্রাউনিং পিস্তল, একটি রিভলবার এবং একটি দেশজাত পিস্তল কিনেছিলেন। তিনি কেবল মহারাষ্ট্রের নাসিকের 'অভিনব ভারত' সোসাইটির একজন সক্রিয় সদস্য ছিলেন না, তিনি ভারতে স্বাধীনতা আন্দোলনের জন্যও সুপরিচিত ছিলেন। ব্রিটিশ বিরোধী কর্মকাণ্ড এবং অনুভূতিতে অভিযুক্ত তিনি বিনায়ক নারায়ণ দেশপাণ্ডে, বাবুরাও সাভারকর এবং বিনায়ক দামোদর সাভারকারের মতো অন্যান্য বিপ্লবীদের সাথে বিপ্লবী দল গঠন করেছিলেন।

এবার বিপ্লবীদের খাতায় নাম লেখা হয়ে গেছে জেলা শাসক জ্যাকসনের, জ্যাকসনকে গুলি করে হত্যা করেন অনন্ত কানহেরে। এই হত্যা মামলায় জড়িত ছিলেন কৃষ্ণগোপাল কারভে ও বিনায়ক নারায়ণ দেশপাণ্ডে।

২০ই মার্চ ১৯১০ সালে আদালতে তিনজনকেই মৃত্যুদন্ডের আদেশ দেওয়া হয়। শেষে ১৯ই এপ্রিল, ১৯১০ সালেই তিনজনকেই বন্দি কারাগারে ফাঁসি দেওয়া হয়েছিল।

গোপাল কারভে তাঁর পিতা-মাতার একমাত্র পুত্র সন্তান ছিলেন। তাঁর এই সর্বোচ্চ ত্যাগ তাঁর বংশের অবসান ঘটায়।

বিনায়ক নারায়ণ দেশপাণ্ডে

বিনায়ক নারায়ণ দেশপাণ্ডে গোপন বিপ্লবী সংস্থার সদস্য ছিলেন। তিনি অল্প বয়সেই বিবাহ করেছিলেন। এক সময় সে নাসিকের পঞ্চবতী বিদ্যালয়ের প্রথম সহকারী শিক্ষকতা করতেন। অতিরিক্ত পেশা হিসাবে তিনি একটি তাঁত পরিচালনা করেছিলেন। এই অতিরিক্ত কাজটি যে ভবনের মধ্যে করছিলেন। সেখানে তৃতীয় তলায় একটি পুরাতন অন্ধকার ঘর ছিল, যেখানে দেশপাণ্ডে এবং গোপন বৈঠকের অন্যরা বিপ্লবীরাও মাঝে মাঝেই থাকতেন।

নারায়ণ দেশপাণ্ডে বোমা বানানোর (বিস্ফোরক) মাল মশলা সংগ্রহ করেছিলেন, যা একটি বাক্সে করে রাখা হয়েছিল। কিন্তু দুঃখের বিষয় এই মহান বিপ্লবীর সমন্ধে বিশেষ কিছু জানা যায়নি। তিনি গণেশ দামোদর সাভারকর এবং বিনায়ক দামোদর সাভারকর প্রতিষ্ঠিত বিপ্লবী সংগঠন 'অভিনব ভারত'-এর সদস্য ছিলেন। এদিকে দিন দিন অত্যাচারী ব্রিটিশ অফিসার কালেক্টর নাশিকের এ.এম.টি জ্যাকসনের অত্যাচার বেড়েই চলেছে। তার জন্য জ্যাকসনকে হত্যা করেন।

১৯১০ সালের ২০ই মার্চ হাইকোর্টের রায় বের হলো। বিচারে বিনায়ক নারায়ণ দেশপাণ্ডে, কৃষ্ণ গোপাল কারভে ও অনন্ত লক্ষ্মণ কানহেরেকে ফাঁসির দণ্ডাদেশ দেওয়া হয়।

শেষে ১৯ই এপ্রিল, ১৯১০ সালেই তিনজনকেই বন্দি কারাগারে ফাঁসি দেওয়া হয়েছিল।

বামন নারায়ণ যোশী

বামন নারায়ণ যোশী ১৮৮৯ সালে আহমেদনগর জেলার আকোলা সমশেরপুর গ্রামে। তার প্রাথমিক শিক্ষা সমশেরপুরে হয়েছিল ও পরবর্তী শিক্ষার জন্য নাসিকে যান। সে সময় সাভারকরের ভাইদের দ্বারা বিশেষ ভাবে অনুপ্রাণিত হন তিনি। ব্রিটিশ সরকার সাভারকর ভাইদের প্রতি এবং অভিনব ভারত সংস্থার উপর অনেক বিধিনিষেধ আরোপ করেছে। এর ফলে সাভারকারের অনুসারীদের মধ্যে ক্রমবর্ধমান বিরক্তি দেখা দেয়। সেই সময় নাসিকের কালেক্টর জ্যাকসন এই নৃশংসতার জন্য দায়ী ছিলেন। ফলস্বরূপ বামন নারায়ণ যোশী, বিনায়ক নারায়ণ দেশপাণ্ডে, কৃষ্ণ গোপাল কারভে ও অনন্ত লক্ষ্মণ কানহেরে এবং অন্যান্য বিপ্লবীদের সাথে জ্যাকসনকে হত্যার সিদ্ধান্ত নেওয়া হয়। নাসিকের বিপ্লবীরা তাদের পরিকল্পনার জন্য সেই সময়ে প্যারিস থেকে অর্ডার করা ব্রাউনিং পিস্তল পেয়েছিলেন। এই পিস্তলগুলির সাহায্যে ১৯০৯ সালের ২১শে ডিসেম্বর বিজয়ানন্দ থিয়েটারে জ্যাকসনকে গুলি করে হত্যা করেন। মাসের শেষ দিকে ৩০শে ডিসেম্বর ধরা পড়েন বামন নারায়ণ যোশী।

বামন নারায়ণ যোশীকে মারাত্মক ভাবে শারীরিক নির্যাতনের শিকার হতে হয়। নাসিক ষড়যন্ত্র মামলায়- বামন নারায়ণ যোশীকে ১৯১০ সালে জেলা ম্যাজিস্ট্রেট মিঃ জ্যাকসনকে হত্যার দায়ে ধারা ৩০২/১০৯, ১২১, ১২৪ যাবজ্জীবন কারাদন্ডের আদেশ হয়। ৭ই এপ্রিল ১৯১১ সালে তাকে আন্দামান সেলুলার জেলে পাঠানো হয়। সন ১৯২০ সালে তাকে ভারতের জেলে ফিরিয়ে আনার আদেশ দেওয়া হয়। ১৯২২ সালে জেল থেকে মুক্তি পান। বামন নারায়ণ যোশীকে বিপ্লবী মহলে 'দাজিকাকা' নামেও বিশেষ পরিচিত ছিলেন।

শেষে ১৯৬৪ সালের ১৪ই জানুয়ারি বিপ্লবী বামন নারায়ণ যোশী শেষ নিশ্বাস ত্যাগ করেন।

সামসুল আলম হত্যাকাণ্ড

ভারত হয়তো অনেক আগেই স্বাধীনতা লাভ করত, কিন্তু ভারতবর্ষের বুকে কিছু দালালের জন্ম হয়েছিল বলেই - স্বাধীনতা পেতে অনেক সময় লেগে যায়। স্বাধীনতা পাওয়ার জন্যই একের পর এক অগ্নিকিশোর সূর্য সন্তান ফাঁসির মঞ্চে জীবনের জয়গান গেয়ে গেছেন। এই সূর্য সন্তানদের ওপর মিথ্যে মামলা সাজিয়ে বিপ্লবীদের ফাঁসানো হত। এই মিথ্যে মামলা সাজানোকারীদের মধ্যে অন্যতম একজন সামসুল আলম। আলিপুর বোমা ষড়যন্ত্র মামলায় বীর বিপ্লবীদের মিথ্যে মামলা সাজানো ও মিথ্যেকে সত্য বলে চালিয়ে দেওয়ার ভার পড়েছিল সামসুল আলমের ওপর। ব্রিটিশ সরকারের কৌঁসুলি মিঃ নর্টনের ডান হস্ত ছিলেন সামসুল। ডেপুটি সুপারিটেন্ডেট সামসুলকে রাজার মতো করে রেখেছেন।

রাজবন্দিদের বিরুদ্ধে মামলা সাজানোর জন্য কাজে লাগানো হতো সামসুল আলমকে। সত্যকে মিথ্যা আর মিথ্যাকে সত্য বলে চালিয়ে দেওয়া, রাজসাক্ষী জোগাড় করায় দক্ষ ছিলেন তিনি। অল্প বয়সি রাজবন্দিদের দুর্বলতার সুযোগ নিয়ে কাজে লাগাতেন তিনি। বিপ্লবীদের নানা যাবতীয় নিকৃষ্ঠ কাজে উৎকৃষ্ট ছিলেন। আলিপুর বোমা ষড়যন্ত্র মামলার জীবন্ত নথিপত্র ছিলেন সামসুল। তাই বিপ্লবীদের কালো তালিকায় স্থান পায় মিঃ আলম। আলিপুর বোমা ষড়যন্ত্র মামলা শুরু হওয়ার আগে দু-দুবার তাকে হত্যার চেষ্টা করা হয়, কিন্তু হাতের নাগালে পাওয়া যায়নি মিঃ আলমকে।

সামসুল আলমের জীবনের মেয়াদ শেষ হয়ে গেছে, তাই আর তাকে বেশি বাড়াবাড়ি করার সুযোগ দেওয়া যাবে না। বিপ্লবীরা তাকে নিয়ে গান বেঁধেছিলেন - 'ওহে সামশুল/তুমি সরকারের শ্যাম, আমাদের শূল/কবে ভিটেয় তোমার চরবে গরু/তুমি দেখবে চোখে সর্ষেফুল'। এই হত্যার দায়িত্ব কে নেবে, এগিয়ে এলেন ১৯ বছরের তরুণ যুবক বীরেন

দত্তগুপ্ত (বীরেন্দ্রনাথ দত্তগুপ্ত)। যতীন্দ্রনাথ তার প্রিয় শিষ্য বীরেন্দ্রর কাঁধে সামসুল আলমের হত্যার দায়িত্ব অর্পণ করেন।

এবার দিন-ক্ষণ স্থির করা হলো। দিনটি ছিল ২৪শে জানুয়ারি ১৯১০ সাল, সামসুল আলম হত্যার উদ্দেশ্যে বেরিয়ে পড়লেন বীর সাহসী যুবক বীরেন দত্তগুপ্ত। ঘড়ির কাঁটা তখন বিকেল ৫.৩০ মিনিটের ঘরে, বীরেন অপেক্ষা করছেন হাইকোর্টের বাইরে সামসুল আলমের। সামসুল সেদিন সরকারি উকিলদের কাগজ-পত্র বুঝিয়ে দিয়ে বেড়োতে লাগলেন। উপরতলার সিড়ি বেয়ে নামছেন সামসুল, তার সঙ্গে ছিল সশস্ত্র পুলিশ।

বীরেন সমস্ত ভয়কে জয় করে এগিয়ে গেলেন সামসুলের দিকে। সামসুল সামান্য তফাতের মাঝে দেখতে পেলেন এক অচেনা অজানা যুবককে। মুহূর্তের মাঝেই ভীষণ শব্দে গর্জন করে উঠল বীরেনের পিস্তল, ক্ষনিকের মাঝেই লুটিয়ে পড়লেন ব্রিটিশ সেবক মিঃ আলম। বহু লোকজনের সামনে এই কাজটি করেন বীরেন্দ্রনাথ, এটা নিশ্চিত ছিল যে অত লোকের ভিড়ে এই হত্যাকাণ্ড চালানোর পর পালানো সম্ভব নয়। যে কেউ এই কাজটি করুকনা কেন, তাকে ধরা পড়তেই হবে আর ধরা পরাটাই স্বাভাবিক। ঠিক তাই হলো, বীরেন্দ্রনাথ ধরা পড়লেন।

জেলে বন্দী বীরেনের ওপর চলল অকথ্য অত্যাচার নির্যাতন, কিন্তু কোন কিছুতেই মুখ খুললেন না বীরেন। অনেক চেষ্টা করেও বীরেনের মুখ থেকে কোন তথ্য বের করতে পারেননি। বিচার চলাকালীন বীরেন কোন উকিল-ব্যারিস্টারের সাহায্য নিলোনা। বিচারে তার ফাঁসির আদেশ হলো, শেষে ১৯১০ সালের ২১শে ফেব্রুয়ারি বঙ্গভূমির অগ্নিসন্তান বীরেন্দ্রনাথ দত্তগুপ্ত ফাঁসির মঞ্চে জীবনের জয়গান গেয়ে গেলেন।

বীরেন্দ্রনাথ দত্তগুপ্ত

ঢাকা বিক্রমপুরের বালিগাঁও গ্রামে ১৮৮৯ সালের ২০ই জুন জন্মগ্রহণ করেন বীরেন। তার পিতার নাম ছিল উমাচরণ ও মাতার নাম ছিল বসন্তকুমারী দেবী। পিতা মাতার দ্বিতীয় সন্তান ছিলেন বীরেন, খুব অল্প বয়সেই পিতার মৃত্যু হয়। ১৯০৮ সালে নবম শ্রেণীর ছাত্র রুপে বীরেন জলপাইগুড়ি জেলা স্কুলে ভর্তি হন। এরপর তিনি কলকাতায় চলে যান। বীরেন, মৃত্যুঞ্জয়ী কানাইলাল দত্তের আদর্শে অনুপ্রাণিত হয়ে বিপ্লবী কর্মকাণ্ডে জড়িয়ে পড়েন। বিপ্লব পথের গুরু হিসেবে তিনি যতীন্দ্রনাথ মুখোপাধ্যায় ওরফে বাঘা যতীনকে বেছে নেন।

১৯১০ সালের ২৪শে ফেব্রুয়ারি, সামসুল আলমকে হত্যা করার সময় তাকে গ্রেপ্তার করা হয়। পুলিশের অনেক অত্যাচারের পরও বীরেন কোন গোপন তথ্য ফাঁস করেননি। আসামি পক্ষের উকিল হিসেবে বিচারপতি লরেন্স জেঙ্কিন্স ব্যারিস্টার নিশীথ সেনকে নিয়োগ করেন। কিন্তু বিপ্লবীদের গোপন তথ্য ফাঁস হওয়ার ভয়ে বীরেন নিশীথ সেনকে একটি কথাও বলেননি। শেষে বিচারে বীরেনের ফাঁসির আদেশ দেওয়া হলো। এর মধ্যেই ব্রিটিশ সরকার বীরেনের মুখ থেকে গোপন তথ্য বের করার জন্য একটি জঘন্য ষড়যন্ত্র রচনা করেন।

বীরেন যখন মুখ খুলছেন না, তখন ব্রিটিশ সরকার একটি জঘন্য চক্রান্তের পরিকল্পনা করেন। জেলে বন্দী বীরেনের হাতে তুলে দেওয়া হয় একটি বিপ্লবীদলের জাল সংবাদপত্র, যেহেতু কখনোই সেটা বিপ্লবী দলের ছিল না। সেই কাগজে বাঘা যতীনের (যতীন্দ্রনাথ মুখার্জির) বয়ানে লেখা ছিল - বীরেন্দ্রনাথ দত্তগুপ্তই সামসুল আলমকে হত্যা করেন, এরজন্য তিনিই দায়ী। মৃত্যুপথযাত্রী বীরেন শেষে ভেঙে পড়লেন, শেষে যতীন মুখার্জির মতো বিপ্লবী বিশ্বাসঘাতকতা করলেন। বীরেন পুলিশের এই চক্রান্তের বিন্দুবিসর্গ অনুমান করতে পারেননি।

বীরেন একদম ভেঙে পড়েছে, শেষে যতীন দা এরকম করলো। এই কলঙ্কমোচনের জন্য বীরেন স্বীকারোক্তিতে জানান যে যতীন্দ্রনাথের আদেশ মতো তিনি সামসুলকে হত্যা করেছেন। এরপর বাঘা যতীনকে গ্রেপ্তার করা হয়, সাক্ষী বীরেনের ফাঁসি আগে হয়ে যাওয়ায় ব্রিটিশ সরকার কোন প্রমাণ করতে পারেননি। যতীনকে আদালতের নির্দেশ মতো ছেড়ে দিতে বাধ্য হয়। শেষে ১৯১০ সালের ২১শে ফেব্রুয়ারি অধুনা আলিপুর প্রেসিডেন্সি জেলে বীরেন্দ্রনাথ দত্তগুপ্তের ফাঁসি হয়।

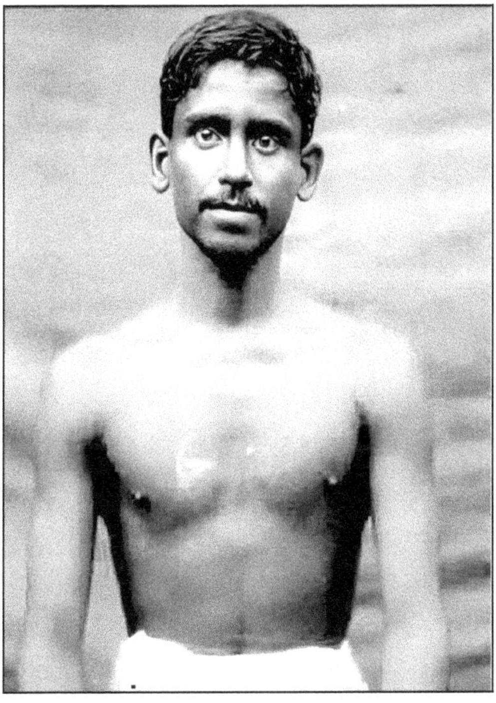

বীরেন্দ্রনাথ দত্তগুপ্ত

তেরুনেলভেলি (টিনেভেলি) জেলা কালেক্টর অ্যাশ হত্যা

মাদ্রাজের বুকে নেমে এলো বিদ্রোহের ঢেউ, সেখানকার বিপ্লবীরা বিপিনচন্দ্র পালের ওপর হওয়া নির্যাতনকে সাক্ষী রেখে এগিয়ে গেলেন বিপ্লবের পথে। ১৯০৭ সালে জেলা ম্যাজিস্ট্রেট কিংসফোর্ডের আদালত-অবমাননার দায়ে বিপিনচন্দ্র পালকে ছ-মাসের কারাদণ্ড দেওয়া হয়। বিপিনচন্দ্র পালের ওপর এই নির্যাতন হওয়ায় সারা ভারতের বিপ্লব মহলে আলোড়ন সৃষ্টি করে। মাদ্রাজের বুকে বিপিনচন্দ্র হয়ে উঠলেন Lion of Swaraj 'লায়ন অফ স্বরাজ।' মাদ্রাজের পূর্ণভূমিতে বিপ্লব মন্ত্রে দীক্ষিত হলেন চিদাম্বরম পিলাই ও সুব্রহ্মণ্যশিবম, বিপ্লবী তারকনাথ দাসের কাছ থেকে। তারা বিভিন্ন জায়গায় জনসাধারনের সামনে বক্তৃতা দিতেন আর বিপিনচন্দ্র পালের নির্যাতনের কথা বলতেন। ব্রিটিশদের বিরুদ্ধে তারা একটা কথাই বলেন - 'পূর্ণ স্বরাজ আমাদের একমাত্র কাম্য সেখানে ব্রিটিশদের ছায়ামাত্র থাকবে না।'

বিপ্লবীদের এসব কর্মকাণ্ড সহ্য হলো না ব্রিটিশদের। তাই গ্রেপ্তার করা হলো বিপ্লবী চিদাম্বরম পিলাই ও সুব্রহ্মণ্যশিবমকে। এর ফল স্বরূপ দেখা গেলো বিভিন্ন জায়গায় আন্দোলনের সৃষ্টি হয়েছে, শুরু হয়েছে ডাঙ্গা। দেশজুড়ে ব্যাপক ধরপাকড় শুরু হয়, চলছে গোপন ইস্তেহার ও পত্র-পত্রিকা বিলি করা। চিদাম্বরম পিলাই গ্রেপ্তারের ফলে বেজওয়াদায় 'রাজ' নামক পত্রিকা বের হয়। উক্ত পত্রিকা ব্রিটিশ সরকার নিষিদ্ধ ঘোষণা করে দেয়। বিপ্লবীরাও পিছু হাটলেন না। ১৯০৮ সালে তিনেভেলি জেলা কালেক্টর অ্যাশ বিপ্লবীদের বিদ্রোহ দমনের চেষ্টায় অত্যাচারের শেষ রাখলেন না। অ্যাশের অত্যাচারে বিপ্লবীরা আরো ক্ষিপ্ত হয়ে উঠেন। তাদের কথা 'আমরা এর প্রতিশোধ নেবো' তাই বিপ্লবীদের ডাইরীতে অ্যাশ হত্যার কালো দাগ লেগে গেল।

১৯১০ সালে লন্ডনে অবস্থিত শ্যামজি কৃষ্ণ বর্মার স্থাপিত 'ইন্ডিয়া হাউসে'র বিপ্লবী সদস্য ভি.ভি.এস, ১৯১১ সালে ভারতে ফিরে আসেন এবং তিনি পন্ডিচেরিতে আশ্রয় নেন। সেখানে থেকেই তিনি বিপ্লবী তরুণ যুবকদের পিস্তল চালানোর শিক্ষা দিতেন। অন্যদিকে নীলকন্ঠ আয়ার 'ব্রহ্মচারী' ও শংকরকৃষ্ণ আয়ার ভারতের দক্ষিণের নানা প্রান্তে বিপ্লবের বাণী প্রচার করতে লাগলেন। তাদের দলে যোগ দিলেন ত্রিবাঙ্কুরের ওয়াঞ্চি আয়ার। ওয়াঞ্চি আয়ার বিপ্লবী ভি.ভি.এস. এর সঙ্গে গোপনে সাক্ষাৎ করলেন এবং পরিকল্পনাও করেন। টিনেভেলির জেলা কালেক্টর অ্যাশকে যে করেই হোক হত্যা করতেই হবে।

'ভারতমাতা এ্যাসোসিয়েশনে'র পক্ষ থেকে মিঃ অ্যাশকে একটি বেনামী পত্রও পাঠানো হয়, তাতে লেখা ছিল - 'ভারতমাতা এ্যাসোসিয়েশনের সাবধান বাণী শোনো। জনসাধারনের কোন কাজে তুমি নাক গলাতে এসো না, আমাদের নিষেধ বার্তা অমান্য করলে মুহূর্তে তোমার মাথা গুড়িয়ে দেবো।' কিন্তু এই পত্র পরে অ্যাশ কোন ধ্যান দেননি, বিদ্রোহী নির্দেশ বলে মনেই করতেন না।

সন ১৯১১ সালের ১৭ই জুন, অ্যাশ দম্পতি টিনেভেলি থেকে ট্রেন ধরে রওনা দিয়েছেন। তারা মানিয়াঞ্চি জংশন থেকে ট্রেন বদলি করে কোদাইকানালের গাড়ি ধরবেন। তাদের অনুসরণ করে ওয়াঞ্চি আয়ার ও শংকরকৃষ্ণ আয়ার পিছু নিলেন। অ্যাশ ট্রেনের কামড়ায় বসে আছেন, এটাই সুযোগ অ্যাশকে হত্যা করার। মুহুর্তের মাঝেই গর্জে উঠল ওয়াঞ্চি আয়ারের পিস্তল, সঙ্গে সঙ্গে অ্যাশের প্রাণহীন শরীরটা লুটিয়ে পড়লো ট্রেনের কামড়ায়। এরপর ক্ষনিকের মাঝেই উধাও হয়ে গেলো ওয়াঞ্চি আয়ার ও শংকরকৃষ্ণ আয়ার। কিন্তু গ্রেপ্তার এড়াতে ওয়াঞ্চি আয়ার নিজের পিস্তলের গুলি গ্রিবাদেশে চালিয়ে দেন।

তারপর পুলিশ চারদিকে ব্যাপক ধরপাকড় শুরু করেন। ধরা পড়লেন ধর্মরাজ আয়ার, নীলকন্ঠ আয়ার 'ব্রহ্মচারী' ও ভেঙ্কটেশ্বর

আয়ার আরো অনেক বিপ্লবী। বিচারে এক একজনের নানা ক্রমে সাজা দেওয়া হলো।

অ্যাশ হত্যার বিপ্লবী দল

ওয়াঞ্চি আয়ার

ওয়াঞ্চি আয়ার

ওয়াঞ্চি আয়ারের জন্ম হয়েছিল ১৮৮৬ সালে। তার ভালো নাম শঙ্করন, কিন্তু ওয়াঞ্চি নামেই বিশেষ পরিচিত। তার পিতার নাম ছিল রঘুনাথ আয়ার ও মাতার নাম ছিল রুকমনি দেবী। ওয়াঞ্চি আয়ার বন বিভাগের একজন সরকারি কর্মচারী ছিলেন। যখন ভি. ভি. এস. ভারতের পন্ডিচেরিতে এসে আশ্রয় নেন, তখন ওয়াঞ্চি আয়ার তিন মাসের ছুটি নিয়ে দেখা করতে যান। তার আগেই বিপ্লব মন্ত্রে দীক্ষিত হন নীলকন্ঠ আয়ার 'ব্রহ্মচারী' ও শংকরকৃষ্ণ আয়ারের কাছে।

জেলা কালেক্টর অ্যাশকে হত্যার পরিকল্পনা করেন বিপ্লবী ওয়াঞ্চি আয়ার ও ভি. ভি. এস আরো অন্যান্য বিপ্লবীরা। ১৭ই জুন ১৯১১ সালে জেলা কালেক্টর অ্যাশকে ওয়াঞ্চি আয়ার গুলি করে হত্যা করেন।

এরপর অ্যাশের মৃতদেহের উপর তিনি একটি কাগজ রেখে যান সেটি তামিল ভাষায় লেখা ছিল।

লেখক জয়ন্তকুমার ঘোষের দ্য লেজেন্ড অফ অগ্নিযুগ বই থেকে হুবহু তুলে ধরা হলো, 'প্রত্যেক ভারতবাসীই এইভাবে ব্রিটিশদের তাড়াইয়া ভারতের স্বাধীনতা ও সনাতন ধর্ম প্রতিষ্ঠিত করিবার জন্য সচেষ্ট হইয়া উঠিয়াছে। ভারতের এই পূর্ণভুমিতে একদিন শ্রীরামচন্দ্র, শ্রীকৃষ্ণ, শিবাজী, গুরুগবিন্দ ও অর্জুন প্রজাপালন করিয়াছেন। আর আজ ব্রিটিশরা ভারতের এই পূর্ণভূমীতে পঞ্চম জর্জ নামক এক গোমাংস-ভোজী ম্লেচ্ছের রাজ্যাভিষেক করিতেছে, তিন হাজার মাদ্রাজি শপথ গ্রহণ করিয়াছে যে, যে মুহূর্তে পঞ্চম জর্জ এই পুর্ণভূমিতে পদার্পণ করিবে, সেই মুহূর্তে তাহারা পঞ্চম জর্জকে হত্যা করিবেন। অ্যাশের হত্যা তাহার পূর্বাভাস মাত্র।'

সেদিন অ্যাশ হত্যার পর ওয়াঞ্চি আয়ার নিজের গুলিতেই প্রাণ বিসর্জন দেন।

ভেঙ্কটেশ্বর আয়ার ও ধর্মরাজ আয়ার

অ্যাশ হত্যার ধরপাকড় শুরু হলে বহু তরুণ যুবককে গ্রেপ্তার করা হয়। তাদের মধ্যে ধরা পড়লেন ভেঙ্কটেশ্বর আয়ার ও ধর্মরাজ আয়ার, এদের বিরুদ্ধে শুরু হয় 'টিনেভেলি ষড়যন্ত্র মামলা।' বিচার চলাকালীন ভেঙ্কটেশ্বর আয়ার ও ধর্মরাজ আয়ার ১৯১১ সালের অক্টোবর মাসে বন্দি অবস্থায় আত্মহত্যা করেন। তারা হয়ত আগে থেকেই জানতেন তাদের সাজা কি হবে, তাই দণ্ডাদেশ শোনার আগেই প্রাণ বিসর্জন দেন। মাদ্রাজ হাইকোর্টের স্পেশাল ট্রাইব্যুনাল থেকে বাকিদের নানা ক্রমে সাজা দেওয়া হয়।

নীলকন্ঠ আয়ার 'ব্রহ্মচারী'

নীলকন্ঠ আয়ার ছিলেন মাদ্রাজ বিপ্লবী দলের অন্যতম একজন নেতা। মাদ্রাজের অঞ্চলে বিপ্লবের বাণী প্রচার করে তরুণ যুবকদের বিপ্লব মন্ত্রে উজ্জীবিত করেন। তিনি ত্রিবাঙ্কুরের ওয়াঞ্চি আয়ারকে বিপ্লবী অগ্নিমন্ত্রে দীক্ষা দেন। যখন জেলা কালেক্টর অ্যাশকে ১৭ই জুন ১৯১১ সালে ওয়াঞ্চি আয়ার গুলি করে হত্যা করেন তখন এই ঘটনাকে কেন্দ্র করে নানা প্রান্তে ব্রিটিশদের ধরপাকড় শুরু হয়।

গ্রেপ্তার হলেন বিপ্লবী নীলকন্ঠ আয়ার, শুরু হয় ঐতিহাসিক মামলা 'টিনেভেলি ষড়যন্ত্র মামলা।' এই মামলার প্রধান আসামী হিসেবে অভিযুক্ত করা হয় নীলকন্ঠ আয়ারকে। বিচারে তাকে সাত বছরের সশ্রম কারাদণ্ড দেওয়া হয়।

নীরদ হালদার ও
সুরেশ মুখার্জি হত্যাকাণ্ড

১৯১৫ সালের ১২ই ফেব্রয়ারি, বিপ্লবীরা কলকাতার গার্ডেন রিচে ব্রিটিশ বার্ড কোম্পানির ১৮ হাজার টাকা লুট করলেন বিপ্লবের কাজ এগিয়ে যেতে। এই কাজে প্রধান অংশগ্রহণকারি ছিলেন নরেন্দ্রনাথ ভট্টাচার্য ওরফে মানবেন্দ্রনাথ রায়, তিনি মাদারীপুরের পূর্ণচন্দ্র দাসের বিপ্লবী দলের সহকর্মী চিত্তপ্রিয় রায়চৌধুরী ও অন্যান্য বিপ্লবীদের নিয়ে এই কাজ করেন। এর ঠিক দশ দিন বাদ বেলেঘাটায় বৃন্দাবন সাহার বাড়ি থেকে ২২ হাজার টাকা লুট করেন বিপ্লবীরা এ কাজে অংশ নেন চিত্তপ্রিয় রায়চৌধুরী, মনোরঞ্জন, নীরেন ও ফনী চক্রবর্তী। পর পর দু-টি ডাকাতির ঘটনায় কলকাতার পুলিশ তৎপর হয়ে উঠলেন।

১৯১৫ সালের ২৪শে ফেব্রুয়ারি বিপ্লবীরা অনেক অভিযান চালিয়ে বিপ্লবকে কাজে লাগানোর জন্য অনেক অর্থ লুট করেন, আর সেগুলো অর্থ ভাগ-বাটোয়ারা করা হয় কলকাতার পাথুরিয়াঘাটা অঞ্চলে। সেখানে একটি বাড়ি অনেকদিন ধরে খালি পড়ে আছে, সেখানেই বিপ্লবীরা অস্ত্র আমদানি করতেন। সেখান থেকেই বিপ্লবীদের বিভিন্ন কেন্দ্রে অস্ত্র-শস্ত্র পাঠানো হয়। মোড়েই একটি পানওয়ালার দোকান ছিল, পানওয়ালা অনুমান করেন এখানে ঠিক একটা বেআইনি কাজ চলছে। তাই তিনি গোয়েন্দা অফিসার নীরদ হালদারকে গোপন সূত্রে খবর দেন। সেদিন কিন্তু সেখানে বিপ্লবীদের জমাটে একটু বেশিই ছিল।

গোয়েন্দা অফিসার নীরদ হালদার খবর পেয়ে জানতে চাইলেন ওই বাড়িতে কি কি ঘটছে, তাই খতিয়ে দেখার জন্য বেরিয়ে পড়লেন। এমন করে বাড়িতে প্রবেশ করলেন, যেন কোন পরিচিত লোকের বাড়িতে প্রবেশ করছেন নীরদ হালদার। ঘরে ঢুকেই দেখতে পেলে স্বয়ং বাঘা যতীনকে। চিত্তপ্রিয় ভাবছে একি? সামান্য একজন গোয়েন্দার হাতে শেষে ধরা পরবেন স্বয়ং বাঘা যতীন। তাই আর বেশি সময় নষ্ট না করে

গুলি ভরা পিস্তলটি পকেট থেকে বের করে ড্রাম ড্রাম শব্দে মিশে গেলেন নীরদ হালদার।

গুলিবিদ্ধ নীরদ হালদারের পকেট থেকে পাওয়া যায় তার নাম ঠিকানা। দলের নির্দেশ মতো নীরদ হালদারের বাড়িতে তার স্ত্রীর কাছে মাসে মাসে কিছু টাকা পাঠিয়ে দিতেন। নীরদ হালদার কিন্তু চিত্তপ্রিয়র গুলিতে সঙ্গে সঙ্গে মারা যাননি। তাকে হাসপাতালে ভর্তি করা হয় ও নীরদ হালদার বয়ানে শুধু বাঘা যতীনের নাম উল্লেখ করেন। এরপর থেকেই তাদের বিভিন্ন বাধার সম্মুখীন হতে হয়।

কুখ্যাত টেগার্ট সাহেব ছিলেন তখন কলকাতার পুলিশ কমিশনার। কড়া নজরদারী রাখা হলো কলকাতা শহরে, এই ডাকাতি করা হয় যতীন্দ্রনাথ মুখার্জির (বাঘা যতীনের) নির্দেশে। সর্বাত্মক বিপ্লবের স্বপ্নকে পূরণ করতে হলে প্রচুর অর্থের প্রয়োজন, তাই বিপ্লবীরা এই পথ বেছে নেন। এক সময় পুলিশের হাতে গ্রেপ্তার হলেন বিপ্লবী নরেন্দ্রনাথ ভট্টাচার্য। নরেন্দ্রনাথকে দেখা মাত্র গোয়েন্দা ইন্সপেক্টর সুরেশ মুখার্জি তাকে গ্রেপ্তার করে। বাঘা যতীন নরেন্দ্রনাথকে নিয়ে যে পরিকল্পনা করেছেন, তার হিসেবে পরিকল্পনা ব্যর্থ হতে দেখা দেয়। অস্ত্র আমদানির জন্য নরেন্দ্রনাথকে বিদেশে পাঠানোর কথা ছিল বাঘা যতীনের।

এবার যে করেই হোক নরেন্দ্রনাথকে পুলিশের হাত থেকে মুক্ত করতেই হবে। খবর পাওয়া যায় যে নরেন্দ্রনাথকে লালাবাজার থেকে অন্য কোথাও নিয়ে যাওয়া হবে। এই সুযোগকে কাজে লাগানোর জন্য যতীনের নির্দেশে তরুণ যুবকরা হাতে পিস্তল নিয়ে লালবাজারের দিকে রওনা দেন। নির্দেশ অনুসারে নরেন্দ্রনাথকে দেখা মাত্রই পুলিশের গাড়ি থামিয়ে সহযোদ্ধাকে ছিনিয়ে আনা। কিন্তু সেদিন তাদের লালবাজারের সামনে অপেক্ষা করাটা ব্যর্থ হয়ে যায়। গোপন সূত্রে জানা যায় নরেন্দ্রনাথকে গত রাতেই গোপনে আলিপুর জেলে পাঠিয়ে দেওয়া হয়।

যতীন রেগে আগুন হয়ে গেলেন, 'নরেন্দ্রনাথকে মুক্ত করতে না পারলে আমার সব পরিকল্পনা ব্যর্থ। আজই সুরেশ মুখার্জির মৃত্যু ও তার রক্ত

দেখতে চাই, তা নাহলে আমি এক গ্লাস জলও গ্রহণ করবো না।' বাঘা যতীনের প্রতিজ্ঞা দেখে চিত্তপ্রিয় ও বাকি চারজন বিপ্লবী সঙ্গী নিয়ে বেরিয়ে পড়লেন। এদিকে বড়োলাট কলকাতা বিশ্বিদ্যালয়ে আসছেন, তাকে নিয়ে ব্যস্ত সুরেশ মুখার্জি। চারদিকে তীক্ষ্ণ নজর রেখেছেন পুলিশ। পুলিশের নজরদারী পেরিয়ে এগিয়ে গেলেন চিত্তপ্রিয় ও তার চার সঙ্গী। ইতি মধ্যেই নীরদ হালদারের মৃত্যুর পর চিত্তপ্রিয়র ছবি গোয়েন্দা অফিসের এদিক-ওদিক বিলি হচ্ছে, দেখা মাত্রই তাকে গ্রেপ্তার করার আদেশ আছে।

একসময় সুরেশ মুখার্জি চিত্তপ্রিয়কে দেখা মাত্রই এগিয়ে গেলেন তাকে গ্রেপ্তার করতে, সুরেশ জিজ্ঞাসা করলেন চিত্তপ্রিয়কে, 'আর ইউ নট চিত্তপ্রিয়?' চিত্তপ্রিয় উত্তরে জবাব দিলো, - 'ইয়েস, আই অ্যাম দি চিত্তপ্রিয়।' তাকে গ্রেপ্তার করা তো দূরের কথা, বিপ্লবীর পিস্তল গর্জে উঠা মাত্রই সুরেশ মুখার্জি মাটিতে লুটিয়ে পড়লেন। তার পর পিস্তলের মাথায় সুরেশ মুখার্জির রক্ত লাগিয়ে বাঘা যতীনের প্রতিজ্ঞা পালন করলেন। এরপর বিপ্লবীরা উধাও হয়ে গেলেন। এরপর যতীন নানা পরিকল্পনা করার পর নরেন্দ্রনাথকে ছাড়িয়ে আনতে সফল হন।

চিত্তপ্রিয় রায়চৌধুরী

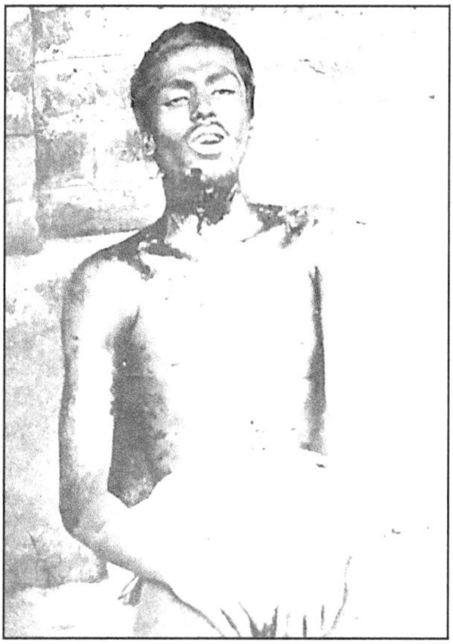

চিত্তপ্রিয় রায়চৌধুরী

চিত্তপ্রিয় রায়চৌধুরী

চিত্তপ্রিয় রায়চৌধুরী ১৮৯৪ সালের ৬ই ডিসেম্বর মাদারিপুরের থালিয়া গ্রামে এক জমিদার পরিবারে জন্মগ্রহণ করেছিলেন। তার পিতার নাম ছিল পঞ্চানন রায়চৌধুরী ও মাতার নাম ছিল সুখদা সুন্দরী দেবী। তার পিতা পঞ্চানন রায়চৌধুরী ছিলেন মাদারিপুর শহরে অনারারী ম্যাজিস্ট্রেট।

চিত্তপ্রিয় রায়চৌধুরী প্রথমে থালিয়া হাই স্কুলে পড়াশোনা করেন। পরে মাদারিপুর হাই স্কুলে ভর্তি হন। মাদারিপুর হাই স্কুলে থাকাকালীন ১৯১০ সালে মাদারিপুর সমিতির (বিপ্লবী দলের) সদস্য হন। চিত্তপ্রিয় রায়চৌধুরী মহান বিপ্লবী পূর্ণচন্দ্র দাসের সহকর্মী হিসেবে, পূর্ণচন্দ্র পরিচালিত গুপ্ত বিপ্লবী সংগঠন এর সদস্যপদ গ্রহণ করেন। ১৯১৩ সালে ডিসেম্বর মাসে প্রথম ফরিদপুর ষড়যন্ত্র মামলায় আসামি হিসেবে চিহ্নিত করা হয় চিত্তপ্রিয় রায়চৌধুরীকে। তিনি গ্রেপ্তার হয়ে পাচঁ মাস জেলে বন্দী ছিলেন ও পরে তিনি জেল থেকে মুক্তি পান।

চিত্তপ্রিয় রায়চৌধুরী জেল থেকে মুক্তি পাওয়ার পর ২৮শে ফেব্রুয়ারি ১৯১৫ সালে কলকাতা বিশ্ববিদ্যালয়ের সমাবর্তন দিবসে রাস্তায় কর্তব্যরত পুলিস ইনস্পেকটর সুরেশ মুখার্জিকে কয়েকজন সহকর্মীর সাহায্যে হত্যা করেন। বিপ্লবী যতীন মুখার্জীর (বাঘা যতীন) সহকর্মী হিসেবে জার্মানি, জাপান, আমেরিকা ও ডাচ ইন্ডিজ থেকে অস্ত্রশস্ত্র আমদানির চেষ্টা করেন চিত্তপ্রিয় রায়চৌধুরী। ১৯১৫ সালের ৭ই সেপ্টেম্বর গভীর রাত্রে বাঘা যতীন (যতীন মুখার্জী) নিজের সাময়িক আস্তানা মহলডিহাতে ফিরে এলেন। সঙ্গে ছিলেন চিত্তপ্রিয় রায়চৌধুরী, জ্যোতিষচন্দ্র পাল, মনোরঞ্জন সেনগুপ্ত এবং নীরেন্দ্রনাথ দাশগুপ্ত।

চিত্তপ্রিয় রায়চৌধুরী, বাঘা যতীন ও বাকি সঙ্গীরা মিলে ৮ই সেপ্টেম্বর সারাদিন কেটে গেল তাদের গভীর জঙ্গলে। সারারাত পায়ে হেঁটে ৯ই সেপ্টেম্বর ভোরবেলা পৌঁছলেন বালেশ্বরের বুড়িবালাম নদীর উপকণ্ঠে।

সাঁতার কেটে নদীর ওপারে গিয়ে যুদ্ধের পক্ষে মোটামুটি উপযুক্ত শুকনো এক ডোবার মধ্যে আশ্রয় নিলেন তারা। বিপরীতপক্ষে চার্লস টেগার্ট, কমান্ডার রাদারফোর্ড, জেলা ম্যাজিস্ট্রেট কিলভি অসংখ্য সশস্ত্র পুলিস ও সামরিক বাহিনী নিয়ে হাজির হয়েছিল। বাঘা যতীনের নেতৃত্বে পাঁচজন, হাতে মাউজার পিস্তল।

চিত্তপ্রিয় রায়চৌধুরীর জিবনে এটাই ছিল শেষ যুদ্ধ। একদিকে মাত্র ৫ জন আর অন্যদিকে অসংখ্য সৈন্য। এবার শুরু হলো বুড়িবালামের ঐতিহাসিক যুদ্ধ, গুলির জবাবে গুলি। তারা ৫ জন একসঙ্গে গুলি করতে শুরু করলো। যাতে শত্রু পক্ষ জানতে না পারে তারা ক-জন। বেশ কিছু ব্রিটিশ সৈন্য হতাহত হলো। শেষ অব্দি বিপ্লবীদের গুলি শেষের দিকে। বেশ কিছুক্ষণ যুদ্ধ চলল, ঠিক ওই সময় পুলিশের গুলি এসে আঘাত করলো চিত্তপ্রিয় রায়চৌধুরীকে। মাটিতে লুটিয়ে পড়লেন চিত্তপ্রিয়, তখনো যুদ্ধ চলছিল। যন্ত্রণা কাতর কন্ঠে তিনি বললেন - 'বড়দা, আমি চললাম।'

চিত্তপ্রিয় মৃত্যুপথযাত্রী একফোঁটা জলের জন্য ছটফট করছিল। এদিকে বাঘা যতীন গায়েও গুলি লেগেছিল। কিন্তু তার শেষ পর্যন্ত লড়াই করার কথা, চিত্তপ্রিয়কে জল খাওয়ানোর জন্য নিজের পরনে রক্তমাখা সাদা শার্ট উড়িয়ে যুদ্ধ বিরতির সংকেত দিলেন ও আত্মসমর্পণ করেন। ব্রিটিশ সাহেব কাছে এলেন, বাঘা যতীন দৃপ্ত কন্ঠে বললেন - 'শুধু এর মুখে এক ফোঁটা জল দেবার জন্য আমি যুদ্ধ বন্ধ করে ধরা দিচ্ছি।' কিছুক্ষণ পরেই শেষ নিশ্বাস ত্যাগ করেন তরুণ কিশোর চিত্তপ্রিয়। দিনটি ছিল ৯ই সেপ্টেম্বর ১৯১৫ সাল। চিত্তপ্রিয় বুড়িবালামের চাসখন্ডে বীরের মতো মৃত্যুবরণ করেন।

টেগার্ট হত্যার চেষ্টায়
ডে'সাহেব হত্যা

টেগার্ট সাহেব ছিলেন তৎকালীন কলকাতার গোয়েন্দা বিভাগের একজন পুলিশ কমিশনার। তিনি খুব বুদ্ধিমান ও দক্ষ ব্রিটিশ রাজ-পুরুষ ছিলেন। বিপ্লবীদের প্রতি ছিল তার তীক্ষ্ম দৃষ্টি, বিপ্লবীদের কাছে টেগার্ট ছিলেন কুখ্যাত পুলিশ অফিসার। বিপ্লবীদের প্রতি তার অত্যাচার দিন দিন বেড়েই চলেছে। সাক্ষাত দানব হয়ে উঠেছেন টেগার্ট সাহেব। বিপ্লবীদের প্রতি ক্ষেত্রে দেখা যায়, তারা দল বেঁধে শত্রু নিধনের পরিকল্পনা করেন। কিন্তু এখানে ঠিক উল্টোটা দেখা গেলো। গোপীনাথ সাহা নামে এক তরুণ যুবক একাই সিদ্ধান্ত নিলেন যে তিনি একাই টেগার্ট সাহেবকে হত্যা করবেন।

দিনটি ছিল ১২ই জানুয়ারি ১৯২৪ সাল, সেদিন বাড়িতে দেশবন্ধু চিত্তরঞ্জন দাশ অনেক গুলো কাগজ-পত্র নিয়ে ব্যস্ত হয়ে পড়েছেন। দেশবন্ধু চিত্তরঞ্জন দাশ ছিলেন তৎকালীন সময়ে একজন নামকরা ব্যারিস্টার। এদিকে গোপীনাথ সাহা কোমরে পিস্তল বেঁধে নিয়ে রওনা দেন দেশবন্ধু চিত্তরঞ্জন দাশের বাড়িতে, আশির্বাদ নিতে দেশবন্ধুর বাড়িতে তার যাওয়া। গোপীনাথ তাকে গুরুদেব মানতেন। যেহেতু গোপীনাথ টেগার্ট সাহেব হত্যার কাজে বের হবেন, তাই গুরুদেবের পদধূলি ও আশির্বাদ ছাড়া কি করে বেরোনো সম্ভব। এদিকে দেশবন্ধু কাগজ -পত্র নিয়ে খুবই ব্যস্ত হয়ে পড়েছেন। গোপীনাথ সাহা কিন্তু গুরুদেবকে টেগার্ট হত্যার ব্যাপারে কিছুই জানাননি। তাই এর আঁচ পর্যন্ত পেলেন না দেশবন্ধু, গোপী কি করতে চলেছেন।

দেশবন্ধুর সাথে গোপী কথা বার্তা বলতে বলতে বেরক্ত করে তুলেছেন দেশবন্ধুকে। খুবই ব্যস্ত উত্তর দিতে পারছেন না দেশবন্ধু, গোপী বলে উঠলেন, - 'তাহলে আমি যাই আশির্বাদ করুন।' গোপীনাথের এই কথা কানে গেলো না, তাই গোপী আরও একবার বললেন - 'আমি চললাম।'

গোপীনাথ দেশবন্ধুর খুব কাছের মানুষ ছিলেন, তাই তিনি গোপীনাথকে ভালোবেসে ফায়ার ব্র্যান্ড (Fire brand) ছেলে বলে ডাকতেন। এবার দেশবন্ধু কাগজ থেকে মুখ তুলে বলল - 'কোথায় যাবি'? গোপীনাথ হেঁসে উত্তর দিলেন- 'সেই যে বলেছিলাম।' কবে কি বলেছিল গোপীনাথ দেশবন্ধুর কোন মনে নেই। ছেলেটি খুব বিরক্ত করছে কাজের সময়, তাই তিনি বললেন - 'যা! যেখানে যাবি যা।' এই কথা বলার পর দেশবন্ধুর পদধূলি নিয়ে বেরিয়ে পড়লেন গোপীনাথ, তার আনন্দের আর সীমা রইল না। স্বয়ং গুরুদেবের আদেশ পাওয়া একি তার কম সৌভাগ্য।

টেগার্ট যে পথ দিয়ে যাতায়াত করতেন, সে পথে গিয়ে গোপীনাথ অপেক্ষা করতে লাগলেন চৌরঙ্গী পার্ক স্ট্রিটের জংশনে। বহু সময় ধরে অপেক্ষা করার পর দেখা পাওয়া গেলো টেগার্ট সাহেবকে। মুহূর্তের মাঝেই গর্জে উঠল গোপীনাথ সাহার পিস্তল, গুলিবিদ্ধ ব্যক্তি মৃত্যুর কোলে ঢলে পড়লেন। টেগার্ট হত্যার পরিকল্পনা সফল হতে দেখে আনন্দে আত্মহারা গোপীনাথ। সঙ্গে সঙ্গেই গ্রেপ্তার হলেন গোপীনাথ, কিন্তু গোপীর পিস্তলের গুলিতে টেগার্ট সাহেব মারা যাননি। ভুলবশত মারা যান মিঃ ডে'সাহেব। এই সত্য জানার পর ভেঙে পড়লেন গোপীনাথ, তাহলে টেগার্ট সাহেব বেঁচে রইলন।

অতি সময়ের মধ্যেই বিচার শুরু হয়, বিচারে গোপীনাথ সাহাকে মৃত্যুদণ্ডে দণ্ডিত করা হয়। গোপী সেদিন একটি কথাই বলেছিলেন- 'ডে'সাহেবের মৃত্যুতে আমি দুঃখিত। আমার আফসোস যে টেগার্ট বেঁচে গেলেন। আমার আশা যে, আমার আরব্ধ কাজ সুসম্পূর্ণ করার লোক পিছিয়ে নেই।' ১৯২৪ সালের ১লা মার্চ গোপীনাথ সাহা ফাঁসির মঞ্চে প্রাণ বিসর্জন দিলেন।

গোপীনাথ সাহা

গোপীনাথ সাহা হুগলীর শ্রীরামপুরে ১৯০৬ সালে ৭ই ডিসেম্বর জন্মগ্রহণ করেন। তার পিতার নাম ছিল বিজয়কৃষ্ণ সাহা। গোপীনাথ অসহযোগ আন্দোলনের সময় বিদ্যালয় ত্যাগ করতে বাধ্য হয়েছিলেন এবং ক্রমে ক্রমে হুগলী বিদ্যামন্দির, কলিকাতা সরস্বতী লাইব্রেরী ও সরস্বতী প্রেস, দৌলতপুর সত্যাশ্রম, বরিশাল শঙ্করমঠ, উত্তরপাড়া বিদ্যাপীঠ প্রভৃতি বিপ্লবী সংগঠনের বিভিন্ন নেতার সঙ্গে কাজ করেছেন। এসময় অত্যাচারী কলকাতার পুলিশ কমিশনার চার্লস টেগার্ট বিপ্লবীদের নিকট যেন হয়ে উঠেছিলেন সাক্ষাৎ দানব। একদিন গোপীনাথ প্রস্তুতি নিলেন চালস টেগার্টকে পৃথিবী থেকে সরিয়ে দেবার। সালটা ছিল ১৯২৪ এবং এসময়ই গোপীনাথ পুরোপুরি যোগ দিলেন বিপ্লবী আন্দোলনে। ১২ই জানুয়ারী ১৯২৪ সালে চৌরঙ্গী আর পার্ক স্ট্রীটের জংশনে, টেগার্ট সাহেবকে ভেবে আর্নেষ্ট ডে'কে গুলি করে হত্যা করেন। বিচারে গোপীনাথের ফঁসির হুকুম হলো অবশেষে ১লা মার্চ ১৯২৪ সালে গোপীনাথের ফাসি হয়। গোপীনাথের ফাঁসি হওয়ায় দেশবন্ধু খুব আঘাত পান।

গোপীনাথ সাহা মাকে সান্তনা দিয়ে ফাঁসির আগে বলেছিলেন, "That you are my mother. This is your glory. There is nothing to bewail. Let every mother give birth to a courageous son of your type and this illumine the face of mother India."

আলিপুর জেলে ভূপেন চ্যাটার্জি হত্যাকাণ্ড

দিনটি ছিল ১০ই নভেম্বর ১৯২৫ সাল, দক্ষিনেশ্বরের বিপ্লবীদের গোপন ঘাটিগুলিতে হানা দেয় পুলিশ। সেখানকার বিপ্লবী নেতা হরিনারায়ণ চন্দ সহ প্রায় সকলেই গ্রেপ্তার হন পুলিশের হাতে। যেই বাড়িটায় তারা গ্রেপ্তার হন, সে বাড়িটা ছিল তাদের বোমা তৈরির কারখানা। সেখান থেকে পুলিশ তল্লাশি চালিয়ে উদ্ধার করে বোমা বানানোর যাবতীয় জিনিসপত্র। তল্লাশি চালিয়ে পুলিশ আরও একটি সন্ধান পেলেন শোভাবাজারের বিপ্লবী আস্থানার। যখন দক্ষিণেশ্বরে বিপ্লবীদের গোপন আস্তানায় তল্লাশি চলে তখন পাশের বাড়িতেই উপস্থিত ছিলেন বিপ্লবী চৈতন্যদেব চ্যাটার্জি। পাশের বাড়িতে থাকায় তিনি ধরা পড়লেন না, তিনি জেনে যান এবার পুলিশ শোভাবাজারের বিপ্লবী কেন্দ্রে হানা দেবে। চৈতন্যদেব ছুটে চললেন শোভাবাজার বিপ্লবী আস্থানার দিকে খবর দিতে। কিন্তু তার আর খবর দেওয়া হলো না।

সেখানে উপস্থিত ছিলেন বিপ্লবী মহানায়ক মাস্টারদা সূর্য সেন, প্রমোদরঞ্জন চৌধুরী ও অনন্ত চক্রবর্তী। বিপ্লবীরাও যেনে গেলেন আর রেহাই নেই, ইতিমধ্যে মাস্টারদা সূর্যসেন পুলিশের চোখে ধুলো দিয়ে পালিয়ে গেলেন। মাস্টারদা হাতে চায়ের কেটলি নিয়ে, চা-ওয়ালা সেজে বেরিয়ে পড়লেন কেউ জানতেও পারলো না। আর শেষে প্রমোদরঞ্জন চৌধুরী ও অনন্ত চক্রবর্তী পুলিশের হাতে ধরা পড়লেন। সেখানে পুলিশ তল্লাশির পর খুঁজে পেলো দু-মাপের কার্তুজ, পিস্তল ও বিপ্লব আলোচনার বিভিন্ন কাগজ-পত্র।

দক্ষিনেশ্বর বোমা মামলার আসামিরা হলেন হরিনারায়ণ চন্দ, অনন্তহরি মিত্র, রাজেন লাহিড়ী, প্রমোদরঞ্জন চৌধুরী ও অনন্ত চক্রবর্তী। বিচারে তিন জনের দশ বছরের সশ্রম কারাদণ্ডের আদেশ হয় হরিনারায়ণ চন্দ, অনন্তহরি মিত্র ও রাজেন লাহিড়ীর। বাকি দুজনের প্রমোদরঞ্জন চৌধুরী ও অনন্ত চক্রবর্তীর পাঁচ বছরের সশ্রম কারাদণ্ড

হয়। আর বাদবাকিদের তিন বছর করে। এরপর তাদের আলিপুর জেলে পাঠানো হয় জেলের বম্ব ইয়ার্ডে।

আলিপুর জেলে দেখা গেলো ভূপেন চ্যাটার্জি প্রায় বিপ্লবীদের সেলে ঢুকে তাদের সঙ্গে বার্তালাপ করতো। ভূপেন চ্যাটার্জির উদ্দেশ্য ছিল, যারা একটু কাচা তাদের মনোবল ভাঙা ও তাদের মুখ থেকে গোপন তথ্য বের করা। বিপ্লবীদের সঙ্গে মিশে যাওয়ার চেষ্টা করতেন, এতে তিনি একজন সুদক্ষ ব্যক্তি ছিলেন। ভূপেন চ্যাটার্জি ছিলেন 'আর.বি'র স্পেশাল এস.পি। বিপ্লবীদের মনোবল ভাঙা ও গোপন তথ্য বের করায় ব্রিটিশ সরকার খুশি হয়ে তাকে 'রায়বাহাদুর' খেতাবে ভূষিত করেন। কিন্তু এই ছল চাতুরী আর কতদিন চলবে বিপ্লবীদের প্রতি, এবার বন্দি বিপ্লবীদের খাতায় নাম উঠে এলো ভূপেন চ্যাটার্জির অর্থাৎ ভূপেন চ্যাটার্জি হত্যা।

জেলেই বিপ্লবীরা ভূপেন চ্যাটার্জি হত্যার পরিকল্পনা করেন, এ কাজে বিলম্ব করলো না তারা। দিনটি ছিল ১৯২৬ সালের ২৮শে মে, বিকেল বেলা ভূপেন চ্যাটার্জি চলছেন প্রতি দিনের ন্যায় বিপ্লবীদের সঙ্গে বার্তালাপ করার জন্য। এদিকে কিন্তু প্রস্তুত ছিলেন বিপ্লবীরাও। সময় বুঝে ভূপেনকে হাতে পাওয়া গেলো, ঠিক তখনই প্রমোদরঞ্জন চৌধুরী লোহার ডান্ডা দিয়ে সজোরে আঘাত করেন ভূপেনকে। সঙ্গে সঙ্গেই মৃত্যুর ভাবলিলায় সাঙ্গ হল ভূপেন চ্যাটার্জি। চতুর্দিকে হৈ চৈ পড়ে গেলো, জেলের ঘন্টি বেজে উঠলো। জেলের মধ্যেই হত্যা ভূপেন চ্যাটার্জি।

অতি শীঘ্রই বিচার শুরু হয়, কিন্তু কেউ সাক্ষী দিতে রাজি হলেন না বিপ্লবীদের বিরুদ্ধে। শেষে ব্রিটিশ সরকার ছল করে কিছু বাইরের বন্দি ও ফিনিঙ্গি কয়েদিদের সাজানো সাক্ষী জোগাড় করেন। পুলিশের সাজানো কথাই সাক্ষী দিলেন বাইরের ও ফিরিঙ্গি বন্দীরা। বিচারের রায় বেরুতে বেশি সময় লাগলো না। প্রমোদরঞ্জন চৌধুরী ও অনন্তহরি মিত্রের ফাঁসির দণ্ডাদেশ হয়। রাখাল দে, ধ্রুবেশ চ্যাটার্জি ও অনন্ত চক্রবর্তীর যাবজ্জীবন কারাদন্ডের আদেশ হয়।

ক্ষমা নেই দেশদ্রোহী

১৯২৬ সালের ২৮শে সেপ্টেম্বর আলিপুর সেন্ট্রাল জেলে সকল বন্দীদের কণ্ঠে ভেসে উঠলো 'বন্দেমাতরম।' ফাঁসির মঞ্চে আরোহণ করলেন দুই তরুণ যুবক প্রমোদরঞ্জন চৌধুরী ও অনন্তহরি মিত্র।

অনন্তহরি মিত্র

প্রমোদরঞ্জন চৌধুরী

ধ্রুবেশ চ্যাটার্জি

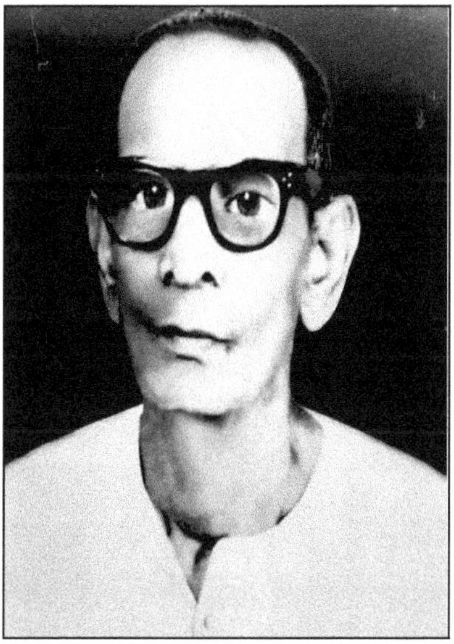

অনন্তকুমার চক্রবর্তী

অনন্তহরি মিত্র

অনন্তহরি মিত্রের জন্ম হয়েছিল ১৯০৬ সালে অবিভক্ত বাংলার নদিয়াতেই। তার পিতার নাম ছিল রামপাল মিত্র। ছোটবেলা থেকেই অনন্তহরি মিত্রের অন্তরে স্বাধীনতার আগুন জেগে উঠেছিল। মাত্র ১৬ বছর বয়সে তিনি ১৯২১ সালে অসহযোগ আন্দোলনে যোগ দিয়ে গ্রেপ্তার হন। তারপর থেকেই আরো পরিবর্তন হলো অনন্ত, জেল থেকে ছাড়া পেয়ে যোগ দিলেন সশস্ত্র বিপ্লবী দলে। মুখের কথায় স্বাধীনতা আসবে না, স্বাধীনতা ছিনিয়ে আনতে হবে।

কৃষ্ণনগর থেকে চলে গেলেন কলকাতায়, সেখানে যোগ দিলেন রেড বেঙ্গল পার্টিতে। বিপ্লবের কাজে সক্রিয় হয়ে উঠেন অনন্ত, নানা বিপ্লবী কর্মকাণ্ডে অংশ নিতেন। অল্প দিনেই বিপ্লবীদের প্রিয় পাত্র হয়ে উঠলেন তিনি। বিপ্লব সফল করতে হলে অস্ত্র-শস্ত্রের প্রয়োজন, তাই অনন্তহরি মিত্র ও বেশ কয়েকজন বিপ্লবী মিলে কৃষ্ণনগরে একটি ডাকাতি করেন। তাদের কথা হলো গরীবের ঘরে লুট নয়, লুট করতে হলে ব্রিটিশদের লুট করবো।

কৃষ্ণনগরে ডাকাতি হওয়ায় পুলিশ অনন্তহরিকে সন্দেহ করেন, এর ফলে অনন্তহরি কৃষ্ণনগর থেকে পালিয়ে দক্ষিণেশ্বরের বাড়িটিতে আশ্রয় নেন। ১৯২৫ সালের ১০ই নভেম্বর সেখানে পুলিশ হানা দিলে গ্রেপ্তার হন অনন্তহরি মিত্র ও অন্যান্য অনেকেই। শুরু হয় 'দক্ষিণেশ্বর বোমা মামলা'। বিচারে দশ বছরের কারাদণ্ডে দণ্ডিত হন তিনি। তারপর নিয়ে যাওয়া হয় আলিপুর সেন্ট্রাল জেলে।

জেলে ১৯২৬ সালের ২৮শে মে, তিনি ও প্রমোদরঞ্জন চৌধুরী মিলে ভূপেন চ্যাটার্জিকে হত্যা করেন। এই হত্যাকাণ্ডের পর বিচারে ফাঁসির আদেশ হয় তার। মাত্র ২০ বছর বয়সে হাসি মুখে ফাঁসির দড়ি গলায় পড়েন অনন্তহরি মিত্র, দিনটি ছিল ১৯২৬ সালের ২৮শে সেপ্টেম্বর।

প্রমোদরঞ্জন চৌধুরী

প্রমোদরঞ্জন চৌধুরীর জন্ম হয়েছিল ১৯০৪ সালে চট্টগ্রামের কেলিশহর গ্রামে। তার পিতার নাম ছিল শ্রী ঈশান চন্দ্র চৌধুরী। ১৯২০ সালে তিনি স্কুলে পড়াশোনা কালীন বিপ্লবীদের সাথে যোগাযোগ করতে সক্ষম হন। তিনি চট্টগ্রাম মিউনিসিপ্যাল স্কুলের ছাত্র ছিলেন এবং চট্টগ্রাম যুব বিদ্রোহের মহানায়ক মাস্টারদা সূর্যসেনের ঘনিষ্ট সহকর্মি ছিলেন।

প্রমোদরঞ্জন চৌধুরী স্কুলে থাকাকালীন বিপ্লবী দল অনুশীলন সমিতিতে যোগ দেন। তিনি স্কুলের সেরা ছাত্রদের মধ্যে অন্যতম একজন। চট্টগ্রাম যুব বিদ্রোহের অনন্ত সিংহ ছিলেন তারই সহপাঠি। প্রমোদরঞ্জন চৌধুরীই অনন্ত সিংহকে প্রথম মাস্টারদা সূর্যসেনের সঙ্গে পরিচয় করিয়ে দেন। ১৯২১ সালে প্রমোদরঞ্জন অসহযোগ আন্দোলনে অংশগ্রহণ করেন।

১০ই নভেম্বর ১৯২৫ সালে দক্ষিণেশ্বরের বোমা মামলায় গ্রেপ্তার হন এবং ৫ বছরের সশ্রম কারাদন্ড হয় তার। এরপর আলিপুর জেলে প্রেরণ করা তাকে। আলিপুর জেলে ১৯২৬ সালের ২৮শে মে দক্ষিণেশ্বর বোমার মামলায় দণ্ডিত অনন্তহরি মিত্র ও প্রমোদ চৌধুরী মিলে লোহার ডাণ্ডা দিয়ে ভূপেন চ্যাটার্জিকে জেলের মধ্যে হত্যা করেন। এই ঘটনায় পাঁচজন বিপ্লবী উপস্থিত ছিলেন।

প্রমোদরঞ্জন চৌধুরীকে ভূপেন চট্টোপাধ্যায়কে হত্যার দায়ে মৃত্যুদন্ড দেয়া হয়, এবং ১৯২৭ সালের ২৮শে সেপ্টেম্বর মাসে তাকে ফাঁসী দেয়া হয়।

ধ্রুবেশ চ্যাটার্জি

ধ্রুবেশ চ্যাটার্জি ১৯০৪ সালে কলকাতায় জন্মগ্রহণ করেছেন। তার পিতার নাম ছিল প্রণবেশ চ্যাটার্জি। ধ্রুবেশ চ্যাটার্জি ছোটবেলায় পিতা ও মাতাকে হারান, তার পর হুগলির উত্তরপাড়ায় তার মামার বাড়িতে চলে যান। তার পিতামহ বিখ্যাত সেরা বাংলা পঞ্জিকার রচয়িতা ছিলেন, তার নাম ছিল মাধবচন্দ্র চট্টোপাধ্যায়।

ধ্রুবেশ চ্যাটার্জি ধীরে ধীরে স্বদেশী আন্দোলনে নিজেকে উৎসর্গ করেন। তার পর তিনি মহান বিপ্লবী অমরেন্দ্রনাথ চট্টোপাধ্যায়ের উত্তরপাড়া স্বদেশী যুব সমিতির সাথে যুক্ত হন। নানা আন্দোলনে ও বিপ্লবীদের সঙ্গে চলতে চলতে চট্টগ্রামের বিপ্লবীদের সংস্পর্শে আসেন।

এর কিছু সময় পর ধ্রুবেশ চ্যাটার্জি দক্ষিণেশ্বর আস্তানায় যেতে শুরু করেন। আর একটি উল্লেখযোগ্য ঘটনা ধ্রুবেশ চ্যাটার্জি তার বোনের বিয়ের জন্য কিছু টাকা জমিয়ে ছিলেন। সেই জমিয়ে রাখা টাকা তিনি দক্ষিণেশ্বরে বোমা তৈরির জন্য দান করেন।

১০ই নভেম্বর ১৯২৫ সালে শোভাবাজার বিপ্লবী অস্থানায় পুলিশ অভিযান চালায়। এর ফলে বেশ কয়েক জন বিপ্লবী ও বেআইনি নথিসহ ধ্রুবেশ চ্যাটার্জিও গ্রেপ্তার হন। বিচারে, তাকে এবং নয়জন বিপ্লবীকে সাত বছরের সশ্রম কারাদণ্ড দেওয়া হয়। এরপর তাদেরকে আলিপুর জেলে রাখা হয়।

আলিপুর জেলে তিনি গোয়েন্দা পরিদর্শক ভুপেন চ্যাটার্জির হত্যাকাণ্ডে জড়িয়ে পড়েন, বিচারে অনন্তহরি মিত্র ও প্রমোদরঞ্জন চৌধুরীকে ফাঁসির দণ্ড দেওয়া হয়। ধ্রুবেশ চ্যাটার্জি, রাখাল দে ও অনন্ত চক্রবর্তীকে যাবজ্জীবন কারাদণ্ড দেওয়া হয়েছিল। আলিপুর জেলে কয়েকদিনের মধ্যে অনশন শুরু করলে তাঁকে মান্দালয় জেলে পাঠানো হয়। এরপর ১৯৩৩ সালে সেলুলার জেলে পাঠানো হয়।

১৯৩৭ সালে ধ্রুবেশ চ্যাটার্জি জেল জীবন থেকে মুক্তি পান। কিন্তু দীর্ঘ কারাবাসের কারণে তার স্বাস্থ্য ভেঙে পড়ে এবং ১৫ই এপ্রিল ১৯৩৮ সালে মারা যান।

অনন্তকুমার চক্রবর্তী (ভোলাদা)

বিপ্লবী অনন্তকুমার চক্রবর্তী হলেন ভূপেন চ্যাটার্জি হত্যার চতুর্থ ব্যক্তি। তার জন্ম হয় ১৫ই এপ্রিল ১৯০১ সালে বরিশাল জেলার রাকুদিয়া গ্রামে। তিনি একজন মধ্যবিত্ত পরিবারের সন্তান ছিলেন। তার পিতার নাম ছিল চন্দ্রমণি চক্রবর্তী। অনন্তকুমার তিনি তাঁর ১৪ বছর বয়সে একজন স্কুল ছাত্র হিসেবে তিনি বরিশালের বিপ্লবী সতীশ চন্দ্র মুখোপাধ্যায়ের শঙ্কর মঠ ও যুগান্তর দলে যোগ দেন।

অনন্তকুমার চক্রবর্তী প্রথমে দৌলতপুর সত্যাশ্রমে কাজ করার পর, পরে তিনি কলকাতায় কিছুদিন বিপ্লবী ক্রিয়াকলাপে যোগ দেন। তারপর তার পরিচয় হয় দক্ষিণেশ্বর বিপ্লবী দলের সঙ্গে। যুগান্তর গ্রুপের সাথে মিলে তাদের দক্ষিণেশ্বর এবং শোভাবাজারের আস্তানায় থেকে অস্ত্র ও গোলাবারুদ সংগ্রহের কাজ করেছিল। এই সবের সাথে যুক্ত, অনন্তকুমার এবং প্রমোদ চৌধুরীকে ১০ই নভেম্বর ১৯২৫ সালে ভোরবেলা শোভাবাজার থেকে বোমা তৈরির উপাদান রাসায়নিক এবং কিছু কাগজপত্র সহ গ্রেফতার করা হয়।

বিশেষ ট্রাইব্যুনালে ১৫ই জানুয়ারি ১৯২৬ সালে বিচারে তাকে ৫ বছর সশ্রম কারাদণ্ডে দণ্ডিত করা হয়। দক্ষিণেশ্বর বোমা মামলায় অন্যান্য বিপ্লবীদের সাথে আলিপুর সেন্ট্রাল জেলে বন্দী করে রাখা হয় তাঁকে। অনন্তকুমার জেলের ভিতরে গোয়েন্দা অফিসার ভূপেন্দ্রনাথ চট্টোপাধ্যায়ের হত্যাকাণ্ডে অংশ নিয়েছিলেন। সুপারিনটেন্ডেন্ট ভূপেন চ্যাটার্জি নিহত হলে, সেই হত্যামামলার বিচারে অনন্তকুমার চক্রবর্তীকে যাবজ্জীবন কারাদণ্ড দেওয়া হয়।

আলিপুর জেল থেকে পাঠানো হয় বর্মায়, এবং বর্মার বিভিন্ন জেলে ৬ বছর বন্দি ছিলেন। এরপর ১৯৩৩ সালে সেলুলার জেলে পাঠানো হয়। অনন্তকুমার ১৯৩৮ সালে জেল থেকে মুক্তি পান। শেষে ৫ই জুন ১৯৭৯ সালে বিপ্লবী অনন্তকুমার চক্রবর্তী শরীরের শেষ নিঃশ্বাস ত্যাগ করেন।

স্যান্ডার্স হত্যাকাণ্ড

'সাইমন কমিশন' ১৯২৮ সালে ভারতে পদার্পণ করেন। এর ফলে বহু জায়গায় শুরু হয় জনতার বিক্ষোভ। দেশবাসী 'সাইমন কমিশন'কে মানতে একদম রাজি নেই। এই প্রভাব গিয়ে পরলো লাহোরে, ১৯২৮ সালের ৩০শে অক্টোবর লালা লাজপত রায়ের কথা মতোই বিক্ষোভ প্রদর্শনে যোগ দেন ভগৎ সিং, রাজগুরু ও অন্যান্য বিপ্লবীরা। সকল স্বাধীনতাকামী দেশবাসীর কণ্ঠে একটাই স্লোগান ভেসে উঠেছে 'সাইমন গো ব্যাগ' সাইমন তুমি ফিরে যাও। মাঝে মাঝে বিপ্লবীদের স্লোগান উঠছে 'ইনক্লাব জিন্দাবাদ।'

এই শোভাযাত্রায় ভগৎ সিং ছাড়াও যে সকল বিপ্লবীরা ছিলেন সবাই লালা লাজপত রায়ের কথা মতো আন্দোলন করবেন, কোন মারামারি নয়। এর মধ্যেই ব্রিটিশ সরকার সমস্ত শোভাযাত্রার বিরুদ্ধে নিষেধজ্ঞা জারি করে দিয়েছেন। সরকার কোন জনসমাবেশ প্রকাশ্য স্থানে করতে দেবেন না। এদিকে জনগণ তাদের দেওয়া কালা কানুন মানবেন না। সেদিন আকাশ-বাতাস উচ্চারিত হয়েছে 'সাইমন গো ব্যাগ।' জনতার ভীর দেখে পুলিশ মাঠে নামতে বাধ্য হলেন, কিন্তু তাদের থামাতে পারলেন না ব্রিটিশ পুলিশ।

এবার শোভাযাত্রা চলাকালীন লাহোর পুলিশ সুপারিটেন্ডেট মিস্টার স্কট জনতার ওপর লাঠি চার্জের আদেশ দিলেন। স্কট আদেশ দেওয়া মাত্রই জনতার ওপর ঝাঁপিয়ে পড়ল সশস্ত্র পুলিশ বাহিনী। নির্বিকারে চলল সাধারণ মানুষের উপর লাঠির আঘাত, এক সময় এই আঘাত গিয়ে পরলো 'পাঞ্জাব কেশরী' লালা লাজপত রায়ের উপর। লালাজির মাথায় একের পর এক আঘাত দিয়েই চলেছে পুলিশ দল। শেষে রক্তাক্ত শরীরে লুটিয়ে পড়লো লালা লাজপত রায়, চিকিৎসা চলাকালীন ১৭ই নভেম্বর ১৯২৮ সালে শেষ নিশ্বাস ত্যাগ করেন 'পাঞ্জাব কেশরী' লালা লাজপত রায়।

এবার বিপ্লবীরা আরও ক্ষিপ্ত হয়ে উঠলেন মহান বিপ্লবী নেতা লালা লাজপত রায়ের মৃত্যুতে। বিপ্লবীরা স্বচক্ষে দেখেছেন পুলিশ সুপারিটেন্ডেট মিস্টার স্কট নিজেই লাঠি হাতে লালা লাজপত রায়ের উপর আক্রমণ করেন। এবার ভগৎ সিং ও তার বাকি বিপ্লবী সঙ্গীরা আলোচনায় বসলেন। তাদের একটাই কথা লালা লাজপত রায়ের মৃত্যুর বদলা যে করেই হোক নিতেই হবে। "রক্তের বদলা রক্ত চাই, যারা লালাজিকে হত্যা করেছে তাদের ছাড়বো না।" এগিয়ে এলেন ভগৎ সিং, শুকদেব, রাজগুরু ও চন্দ্রশেখর আজাদের মতো বিপ্লবীরা।

'হিন্দুস্থান রিপাবলিকান এ্যাসোসিয়েশন পার্টি'র বিপ্লবী সদস্যরা স্কট হত্যার পরিকল্পনা করেন, স্কট যখন অফিস থেকে বের হবে ঠিক তখনই তার উপর আক্রমণ করতে হবে। স্কটের উপর তীক্ষ্ম নজরদারী রাখছেন বিপ্লবীরা, কখন কি করেছেন কখন কোথায় যাচ্ছেন মিস্টার স্কট। এরপর ঘনিয়ে এলো সেই দিন। ১৯২৮ সালের ১৪ই ডিসেম্বর, শুকদেব স্কটের অফিসের সামনে গিয়ে দাড়ান। কিছু দূরেই ছিলেন ভগৎ সিং ও তার সঙ্গী সাথীরা। বেশ কিছুক্ষণ সময় অপেক্ষা করার পর দেখা গেল অফিস থেকে একজন ব্রিটিশ অফিসার বেরিয়ে আসছেন। তারপর সেই অফিসার মোটর সাইকেল নিয়ে বের হলেন। এরপর বিপ্লবীরা তার সামনে গিয়ে দাড়ান, তার পরই গর্জে উঠল বিপ্লবীদের পিস্তল। কিন্তু মিস্টার স্কট সেদিন আসেননি, এসেছিলেন অ্যাসিস্ট্যান্ট অব পুলিশ স্যান্ডার্স।

বিপ্লবীদের গুলিতে স্যান্ডার্স সেখানেই লুটিয়ে পড়লেন, গুলির শব্দ শুনে ছুটে এলেন একজন সার্জেন্টে আর তার দেহরক্ষী চন্দন সিং। চন্দ্রশেখর আজাদ এবার অস্ত্র হাতে নিয়ে গুলি ছুড়লেন চন্দন সিংকে লক্ষ্য করে, তার গুলিতে মুখ থুবড়ে পড়ল চন্দন সিং। স্কট সেদিন কাজের জন্য অফিসেই বসে ছিলেন। এই ঘটনার পর বিপ্লবীরা উধাও হয়ে যান। ভগৎ সিং, রাজগুরু ও আরো কয়েকজন বিপ্লবী দুর্গা ভাবির (দূর্গাবতি দেবী)

সাহায্যে কলকাতায় চলে আসেন। বাকিরা নানা জায়গায় ছড়িয়ে পড়েন।

দুর্গা ভাবির সাহায্যে ভগৎ সিং কলকাতায় চলে আসার পর বাংলার বেশ কয়েকজন বিপ্লবীর সঙ্গে তার পরিচয় হয় এবং বেশ কিছু অস্ত্রশস্ত্র নিয়ে লাহোরে ফিরে যান। এবার ব্রিটিশ শক্তির বুকে আরও বড়ো আঘাত হানতে হবে, তাই শক্ত হয়ে উঠতে হবে। স্বাধীনতা সহজে আসবে না, তার জন্য সঠিক মূল্য দিতে হবে। দিল্লির অ্যাসেম্বলিতে কতগুলি জরুরী বিল নিয়ে আলোচনা হবে। বিপ্লবীরা এই বিলের বিরুদ্ধে প্রতিবাদ জানান। তাদের কথা বোমা ফাটবে, কিন্তু কোন মানুষ মারা যাবেন না।

১৯২৯ সালের ৬ই জুন দিল্লির সংসদ ভবনে জরুরী বিল নিয়ে আলোচনার জন্য দর্শকদের মধ্যে বসে আছেন মিস্টার সাইমন এবং আছেন স্পিকার বল্লভভাই প্যাটেল। সংসদ ভবনে এসে হাজির হলেন দুই বলিষ্ঠ তরুণ ভগৎ সিং ও বটুকেশ্বর দত্ত। একসময় ফাঁকা জায়গা দেখে দুই বলিষ্ঠ তরুণ বোমা ছুড়েন, কথা মতো কোন মানুষ হতাহত হলো না। তার পর গুচ্ছ গুচ্ছ লাল ইস্তেহার ছরিয়ে দিলেন গোটা এসেম্বলি হলে। ধোঁয়ায় ভরে গেল সংসদ ভবন। বিপ্লবীদের উদ্দেশ্য পাবলিক সেফটি বিলের বিরুদ্ধে ভারতবর্ষের পক্ষ থেকে প্রতিবাদ জানানো।

ভগৎ সিং ও বটুকেশ্বর দত্ত ইস্তেহার বিলি করার সময় “ইনক্লাব জিন্দাবাদ' বলে স্লোগান দিতে লাগলো। সইচ্ছায় গ্রেপ্তার হলেন দুই বিপ্লবী, এই ঘটনার পর গোটা দেশ কেপে উঠল। শুরু হয় ব্যাপক ধরপাকড়, গ্রেপ্তার হলেন রাজগুরু, শুকদেব ও যতীন দাসের মতো বিপ্লবীরা। প্রায় ৪০ জন বিপ্লবী গ্রেপ্তার হলেন। শুরু হলো বিচার, 'লাহোর ষড়যন্ত্র মামলা' ও স্যান্ডার্স হত্যা মামলার ২৭শে অক্টোবর ১৯২৯ সালের বিচারের রায় রেব হয়। বিচারে ভগৎ সিং, রাজগুরু ও শুকদেবের প্রাণদণ্ডের আদেশ দেওয়া হয়। বাকিদের নানা ক্রমে সাজা দেওয়া হয়।

২৩শে মার্চ ১৯৩১ সালে ভগৎ সিং, শুকদেব থাপর ও শিবরাম রাজগুরুকে লাহোর সেন্ট্রাল জেলে ফাঁসি দেওয়া হয়। এই ঘটনা দেশবাসী জানতেও পারলো না, তিন অগ্নিশিখার ফাঁসি হয়ে গেল। কারন কোর্ট ফাঁসির তারিখ নির্ধারণ করেন ২৪শে মার্চ, জনগণের ভয়ে আগের দিনেই তিন যুবকের ফাঁসি দেন ব্রিটিশ সরকার।

ভগৎ সিং

ভগৎ সিং

ভগৎ সিংহের জন্ম হয়েছিল ১৯০৭ সালে ২৮শে সেপ্টেম্বর, অবিভক্ত পাঞ্জাব লালপুর জেলার ভাঙ্গা গ্রামে। তার পিতার নাম ছিল সর্দার কিষাণ সিং। ১৯১৯ সালে জালিয়ানওয়ালাবাগে কুখ্যাত ব্রিটিশ অফিসার ওডায়ারের নেতৃত্বে হাজার হাজার মানুষকে হত্যা করা হয়। এই ঘটনার পর ভগৎ সিং খুব কষ্ট পান।

লাহোর ন্যাশনাল কলেজে থাকাকালীন যোগাযোগ হল বিপ্লবী নেতা ভাই পরমানন্দ এবং শচীন্দ্রনাথ সান্যাল এর সঙ্গে। এদেরকেই ভগৎ সিং রাজনৈতিক গুরু হিসেবে মেনে নেয়। এরপর যোগ দিলেন সশস্ত্র বিপ্লবী দলে। ১৯২৮ সালের ৩০শে অক্টোবর সাইমন কমিশন লাহোরে এলে, শুরু হয় মিছিল আন্দোলন। আন্দোলনে লালা লাজপত রায়ের ওপর পড়ে প্রচণ্ড লাঠির আঘাত, আঘাতে লালা লাজপত জ্ঞান হারিয়ে ফেলেন। চিকিৎসা চলাকালীন ১৭ দিন পর অর্থাৎ ১৭ই নভেম্বর মারা যান লালা লাজপত রায়। লালাজীর হত্যার বদলা নিতে ভগৎ সিং, রাজগুরু, চন্দ্রশেখর আজাদের মতো বিপ্লবীরা স্কটের বদলে স্যান্ডার্সকে হত্যা করেন।

এরপর দিল্লির সংসদ ভবনে বোমা নিক্ষেপ করেন ভগৎ সিং ও বটুকেশ্বর দত্ত। গ্রেপ্তার হন ও বিচারে ভগৎ সিংকে স্যান্ডার্স হত্যা ও 'লাহোর ষড়যন্ত্র মামলা'র অভিযোগে মৃত্যুদণ্ড দেওয়া হয়। ১৯৩১ সালের ২৩শে মার্চ ভগৎ সিং, শুকদেব এবং রাজগুরুকে লাহোর জেলে ফাঁসি দেওয়া।

ফাঁসির মঞ্চে জীবনের জয়গান গেয়ে, ভারতবর্ষের ইনক্লাব জিন্দাবাদ এই মহামন্ত্রে বিপ্লবী ভগৎ সিং ভারতবাসীর হৃদয়ে চিরস্মরণীয় হয়ে আছেন।

শিবরাম রাজগুরু

শিবরাম রাজগুরু মহারাষ্ট্রের পুনা জেলার ঘেরা গ্রামে জন্মগ্রহন করেছিলেন ২৪শে আগস্ট ১৯০৮ সালে। তার পিতার নাম ছিল হরি নারায়ণ রাজগুরু। শিবরাম রাজগুরু ১৯২৪ সালে কাউকে না জানিয়ে মাত্র ১৬ বছর বয়সে বাড়ি থেকে বের হন ভারত ভ্রমণের জন্য। এর কিছু সময় পর তিনি একটি প্রাইমারী স্কুলের শিক্ষকতাও করেন। এরপর ১৮ বছর বয়সে বিপ্লবী দলে যোগ দিলেন। তারপর যোগাযোগ হয় বিপ্লবী নায়ক ভগৎ সিং এর সঙ্গে।

১৯২৭ সালে ব্রিটিশ সরকার সাইমন কমিশন নামে একটি আইন জারি করতে চলেছিলেন। এই কমিশনে কোন ভারতীয় সদস্য না রাখায় এই কমিশনের বিরুদ্ধে তীব্র প্রতিবাদ শুরু হয়। এই কমিশন যেখানে যাচ্ছেন সেখানেই লক্ষ্য লক্ষ্য ধ্বনি উঠেছে - 'গো ব্যাগ সাইমন।'

১৯২৮ সালের ৩০শে অক্টোবর। সমগ্র পাঞ্জাব সেদিন উত্তাল, কমিশন কে ধিক্কার জানতে পথে বের হলেন পাঞ্জাব কেশরী লালা লাজপত রায়। পুলিশ বাহিনীর নির্মম লাঠির আঘাতে আহত হন ও ১৭ দিন পর শেষ নিশ্বাস ত্যাগ করেন। এই হত্যাকাণ্ডের মূল দায়িত্বে ছিলেন মিস্টার স্কট নামে এক পুলিশ আধিকারিক। রাজগুরু, ভগৎ সিং ও অন্যান্য বিপ্লবীরা মিলে স্কটকে হত্যার পরিকল্পনা করেন। বিপ্লবীরা স্কটকে মারতে গিয়ে ভুলবশত মারলেন ডি.এস.পি স্যান্ডার্সকে। এর পর আরও নতুন উদ্যেগ নিয়ে বিপ্লবের কাজে ঝাঁপিয়ে পড়েন রাজগুরু। পুনায় একটি বিপ্লবী দল গঠন করেন সেখানেই রেসকোর্সের অনুষ্ঠানে গভর্নরকে হত্যা করার ষড়যন্ত্র করেন। তাদের দলে একজন গোয়েন্দা বিভাগের এজেন্ট শরৎ কেশদার যোগ দেন, তার বিশ্বাসঘাতকতার কারণে গ্রেপ্তার হন রাজগুরু ও তাদের রেসকোর্সের গভর্নরকে হত্যা করার ষড়যন্ত্র ব্যর্থ হয়।

শিবরাম রাজগুরুকে লাহোর নিয়ে আসা হয়, স্যান্ডার্স হত্যা ও 'লাহোর ষড়যন্ত্র মামলা'য় অভিযুক্ত করে বিচারে তাকে মৃত্যুদণ্ডে দণ্ডিত করা

হয়। ১৯৩১ সালের ২৩শে মার্চ হাসতে হাসতে ফাঁসির মঞ্চে উপস্থিত হন।

শিবরাম রাজগুরু

সুকদেব থাপর

সুকদেব থাপর জন্মগ্রহণ করেছিলেন ১৯০৮ সালের ১৫ই মে পাঞ্জাবের লুধিয়ানা শহরে। শৈশব থেকেই তিনি ভারতে ব্রিটিশ শাসনের অত্যাচার দেখেছিলেন এবং এ কারণেই তিনি দাসত্বের শৃঙ্খলা ভেঙে বিপ্লবী দলে যোগ দেন। সুকদেবের বাবার নাম ছিল শ্রী রামলাল থাপর প্রসিদ্ধ সামাজিক কর্মকর্তা ছিলেন। সুকদেবের জন্মের ২ বছর পরেই তার বাবার মৃত্যু হয়। সুখদেবের লালন পালন তার কাকা শ্রী অচিন্তরাম থাপরের কাছেই হয়। সুখদেবের জন্মের সময় তার কাকা অচিন্তরাম জেলে সাজা কাটছেন। এইরকম বিপ্লবী বাতাবরণে সুকদেব বড়ো হচ্ছেন।

সুকদেব যখন তৃতীয় শ্রেণীর ছাত্র ছিল, গভর্নর তার বিদ্যালয়ে আসে। প্রধান শিক্ষকের আদেশে ছাত্ররা সবাই গভর্নর কে স্যালুট করে, কিন্তু সুকদেব তা করেনি। তখন সুখদেবকে জিজ্ঞাসা করা হল কেন সে গভর্নরকে স্যালুট করল না, সুখদেব পরিষ্কার বলে দিল, সে কোন ব্রিটিশকে স্যালুট করবে না।

পরবর্তী কালে সুকদেব আর ভগৎ সিং মিলে বিপ্লবী দলের কাজ করতে লাগলেন। একটা বাড়ী ভাড়া নিল। দিনের বেলায় বাইরে থাকত আর রাত করে ফিরত। এভাবেই বাড়ির মালিক ও আশপাশের লোকজনের সন্দেহ হলো। এ কারণে সুকদেব নিজের মাকে সেই বাড়িতে নিয়ে এলো। এবার কেউ কিছু জিজ্ঞেস করলে, সে উত্তর দিত? সে কাজ করে, অনেক দূরে রাস্তার কাজ চলছে। দিন-রাত কাজ করে বাড়ি আসতে দেরি হয়।

সুকদেব অনেক সাহসী ছিল। লাহোরে যখন বোমা বানানোর কাজ শুরু হল, তখন সে ফিরোজপুর থেকে বোমার যাবতীয় জিনিস নিয়ে আসতো। একবার বোমা বানানোর মালমশলা আনতে গিয়ে সিপাহীদের আড্ডাখানায় চলে গেছিল। একারণে সুকদেবকে অনেক মার খেতে হয়েছে। সুকদেব চুপচাপ মার খেতে থাকে, কিন্তু কিছু বলেননি, কারণ

তার ঠোলিতে পিস্তল, কার্তুজ তথা বোমা বানানোর মাল মসলা ছিল। একজন সিপাহী বললেন 'এই ঠোলিতে কি আছে,' সুকদেব বদ্ধির প্রয়োগ করে হেসে বলল - 'সিপাই জি পিস্তল আর কার্তুজ আছে,' সিপাহীরাও হেসে ফেলল আর কথা ঘুরিয়ে গেলো।

যখন সাইমন কমিশনের বিরোধিতা করতে গিয়ে লাঠি চার্জে লালা লাজপত রায় মারা যান, তখন স্যান্ডার্স কে মৃত্যু দিয়েছিল যে সকল বিপ্লবীরা তাদের মধ্যে সুকদেব ছিল। এই ঘটনাটি ব্রিটিশ সাম্রাজ্যকে কাঁপিয়ে দিয়েছিল এবং বিপ্লবীরা আর সারা দেশ সেদিন আনন্দিত হয়েছিল। স্যান্ডার্স হত্যার মামলা ও পড়ে 'লাহোর ষড়যন্ত্র' মামলা শুরু হয়। এক্ষেত্রে শিবরাম রাজগুরু, সুকদেব এবং ভগৎ সিংকে মৃত্যুদণ্ড দেওয়া হয়। ১৯৩১ সালের ২৩শে মার্চ, বিপ্লবীরা ফাঁসির মঞ্চে উপস্থিত হন এবং দেশের যুবকদের হৃদয়ে স্বাধীনতা লাভের এক নতুন তাগিদ তৈরি করে যান। ফাঁসির সময় সুকদেবের বয়স ছিল মাত্র ২৪ বছর।

শুকদেব থাপর

ভগবতীচরণ ভোরা

ভগবতীচরণ ভোরা উত্তরপ্রদেশ আগ্রায় ৪ই জুলাই ১৯০৩ সালে জন্মগ্রহণ করেছিলেন। তাঁর পিতা রায়সাহেব পণ্ডিত শিবচরণ লাল রেলকর্মী ছিলেন। ভগবতী চরণ লাহোরের ন্যাশনাল কলেজে পড়াশোনা করেছিলেন। বিপ্লবী অগ্নিকন্যা দুর্গাবতী দেবী (দুর্গা ভাবী) ছিলেন ভগবতীচরণের সহধর্মিণী। ভগবতীচরণ কলেজে থাকাকালীন স্বদেশপ্রেমের প্রতি আকর্ষিত হন। কলেজে থাকাকালীন তার সহপাঠী ছিলেন ভগৎ সিং ও সুকদেব থাপর। লাহোরের ডি.এ.ভি কলেজ থেকে ভগবতীচরণ এম.এ পাশ করেন।

ছোটবেলা থেকেই তার দেশপ্রেমের প্রতি অনেক টান ছিল, তাই ১৯২৬ সালে বিপ্লবী সংগঠন 'ভারত নওজওয়ান সভা'য় যোগ দেন। একসময় তার পিতা শিবচরণ লাল ব্রিটিশদের কাছ থেকে 'রায়বাহাদুর' খেতাব পেতে চলেছেন শুনে, ভগবতীচরণ কাউকে না জানিয়ে বাড়ি থেকে বেরিয়ে পড়েন। তারপর 'হিন্দুস্থান রিপাবলিকান অ্যাসোসিয়েশন'এ যোগ দিয়ে বিপ্লবের অনেক গুরুত্বপূর্ণ কাজে অংশগ্রহণ করেন।

১৯২৮ সালের ৩০শে অক্টোবর লালা লাজপত রায়ের ডাকে বিপ্লবী ভগৎ সিং, সুকদেব, ভগবতীচরণ ও অন্যান্য বিপ্লবীরা সাইমন কমিশনের বিরুদ্ধে শ্লোগান দেন, 'সাইমন গো ব্যাগ'। সেখানে লালা লাজপত রায়ের ওপর লাঠিচার্জ করা হয়। লালা লাজপত রায় আহত হয়ে ১৭ দিন পর মারা যান। তার বদলা নিতে বিপ্লবীরা পুলিশ অধিকারী স্কটকে মারতে গিয়ে বিপ্লবীরা স্যান্ডাসের ওপর গুলি চালায়। বিপ্লবীরা পালিয়ে যেতে সক্ষম হন। এই হত্যাকাণ্ডে ভগৎ সিং, রাজগুরু, সুকদেব, ও চন্দ্রশেখর আজাদের সঙ্গে ভগবতীচরণ সক্রিয় ভাবে যুক্ত ছিলেন।

৮ই এপ্রিল ১৯২৯ সালে দিল্লীর কেন্দ্রীয় সংসদ ভবনে বোমা নিক্ষেপের জন্য পুলিশ ভগত সিং, বটুকেশ্বর দত্ত ও তার সহযোগীদের গ্রেপ্তার করেন। এরপর ২৩শে ডিসেম্বর ১৯২৯ সালে ভগবতীচরণ ও যশপাল নামের একজন বিপ্লবী মিলে ভাইসরয়ের স্পেশাল ট্রেন ওড়াবার চেষ্টা করেন। বিপ্লবীদের নানা কর্মকান্ডে জড়িত থাকায় ভগবতীচরণের নামে গ্রেপ্তারী-পরোয়ানা জারি করা হয়। অনেক চেষ্টা করেও পুলিশ তার খোঁজ কোনোদিন পায়নি। পুলিশ তার নামে মোটা টাকার পুরস্কার ঘোষণা করেন, তবুও তাকে গ্রেপ্তার করা সম্ভব হয়নি।

বিপ্লবীরা তখন সিদ্ধান্ত নিলেন যে ভগৎ সিং, রাজগুরু, সুকদেব ও অন্যান্য বিপ্লবীদের লাহোর জেল থেকে বের করতে হবে। এই জন্য বোমা তৈরি করতে হবে, তারা বোমাও তৈরি করেন। ঐ বোমা পরীক্ষা করার জন্য ২৮শে মে ১৯৩০ সালে ভগবতীচরণ ও তার একজন সহসঙ্গিকে নিয়ে রাভি নদীর উপকূলে যান। বোমাটি পরীক্ষা করার সময় ভগবতীচরণ ভোরার হাতেই বিস্ফোট হয়ে ভগবতী চরণ ভীষণ ভাবে আহত হয়ে মারা যান। সেই বোমার শব্দে হারিয়ে গেলো অমর বিপ্লবী ভগবতীচরণ।

অগ্নিকন্যা
দুর্গাবতি দেবী (দুর্গা ভাবী)

দুর্গাবতি দেবীর জন্ম হয়েছিল ১৯০৭ সালের ৭ই অক্টোবর উত্তর প্রদেশের এলাহাবাদ শহরে। ইনি বিপ্লবী ভগবতীচরণ ভোরার স্ত্রী ছিলেন, মাত্র ১১ বছর বয়সেই তার সঙ্গে বিবাহ বন্ধনে আবদ্ধ হন। বিবাহের পর দুর্গাবতি দেবী স্বামীর সঙ্গে বিপ্লবের কাজে ঝাঁপিয়ে পড়েন। ১৯২৮ সালের ১৪ই ডিসেম্বর স্কটের বদলে স্যান্ডার্সকে হত্যা করা হয়। এই হত্যাকাণ্ডে জড়িত ছিলেন ভগৎ সিং, রাজগুরু, সুকদেব, চন্দ্রশেখর আজাদ ও দুর্গাবতি দেবীর সহসঙ্গী ভগবতীচরণ ভোরা।

স্যান্ডার্স হত্যার পর দুর্গাবতি দেবী ভগৎ সিং ও রাজগুরুকে লাহোর থেকে লখনউ পর্যন্ত পুলিশের চোখে ধুলো দিয়ে সুরক্ষিত জায়গায় রেখে আসেন। পুলিশের চোখে ধুলো দিতে সক্ষম হন দুর্গাবতি দেবী ভগৎ সিংয়ের স্ত্রীর ছদ্দবেশে। তিনি সকল বিপ্লবীদের কাছে দুর্গা ভাবী বলেই বিশেষ পরিচিত ছিলেন। দুর্গাবতির স্বামী ভগবতীচরণ ভগৎ সিংকে জেল থেকে মুক্ত করার জন্য বোমা তৈরি করেন এবং সেই বোমা পরীক্ষার সময় হাতেই বোমাটি ফেঁটে যায় ভগবতীচরণের। ঘটনাস্থলেই মৃত্যু হয় তার।

স্বামীর মৃত্যুর পর দুর্গাবতী বিপ্লবের কাজে সম্পূর্ণ আত্মনিয়োগ করেন। তখন বিপ্লবের নানা কাজে এদিক-ওদিক ছুটে যান, বিপ্লবীদের অস্ত্রশস্ত্র লুকিয়ে রাখা ও গোপন তথ্য সংগ্রহ করাই ছিল তার কাজ। বিচার চলাকালীন লাহোরে একটি বিপ্লবীদের গোপন সভা ডাকা হয়, সেখানে ভগৎ সিংকে ছাড়িয়ে আনার কথাবার্তা চলে। এর জন্য অর্থের দরকার, তাই যে যতটা পারবে পার্টির তহবিলে এনে জমা দেবে। সে জন্য অর্থভাণ্ডার খোলা হয়, আর সেখানে প্রথম অর্থ দান করেন দুর্গাবতী ৩০০০ টাকা। সে সময়ে এই ৩০০০ হাজার টাকার মূল্য অনেক ছিল। নিজের অলংকার ও মূল্যবান জিনিসপত্র বিক্রি করে ভগৎ সিংকে

ছাড়িয়ে আনার চেষ্টা করেন। তিনি ভগৎ সিংকে ছাড়িয়ে আনার জন্য আরও একটি কাজ করেন, বোম্বাই পুলিশ কমিশনারকে হত্যা করার চেষ্টা করেন।

এভাবেই কাজ করে গেছেন দুর্গাবতী দেশের স্বাধীনতার জন্য। সবশেষে তিনি গাজিয়াবাদ (উত্তর প্রদেশ) এ গিয়ে বসবাস করেন। সম্পূর্ণ জীবন দুর্গাবতী স্বামী ভগবতীচরণের আরদ্ধ কাজকে সমর্থন করে তাকেই চলার পথ হিসেবে বেছে নেন। ১৬ই অক্টোবর ১৯৯৯ সালে গাজিয়াবাদেই শেষ নিশ্বাস ত্যাগ করেন অগ্নিযুগের অগ্নিকন্যা দুর্গাবতী দেবী।

দুর্গাবতী দেবী

চন্দ্রশেখর আজাদ

চন্দ্রশেখর আজাদের জন্ম হয়েছিল ২৩শে জুলাই ১৯০৬ সালে মধ্যপ্রদেশের ঝাবুয়া জেলার ধাওড়া গ্রামে। তার পিতার নাম ছিল পন্ডিত সীতারাম তিওয়ারি। মাত্র ১৫ বছর বয়সে ১৯২১ সালে চন্দ্রশেখর বেনারস সেন্ট্রাল কলেজের ছাত্র থাকাকালীন অসহযোগ আন্দোলনে যোগ দেন। আন্দোলনে যোগ দেওয়ার ফলে তিনি গ্রেপ্তার হন ও ১৫বার বেত্রাঘাতের সাজা দেওয়া হয় তাকে। এই বেত্রাঘাতের সাজা তাকে সশস্ত্র বিপ্লবের পথে নিয়ে আসে।

গ্রেপ্তারের পর যখন তাকে প্রশ্ন করা হয় তোমার নাম কি? তখন চন্দ্রশেখর উত্তর দেন - 'আমার নাম আজাদ।' তখন থেকেই আজাদ নামটি তার নামের সঙ্গে যুক্ত হয়ে যায়। তারপর চন্দ্রশেখর আজাদের সাক্ষাৎ হয় বিপ্লবী রাজেন্দ্র লাহিড়ী ও শচিন্দ্রনাথ বক্সীর সঙ্গে। তখন থেকেই সক্রিয় বিপ্লবী দলে যোগ দেন। ধীরে ধীরে দলের নির্ভর যোগ্য সদস্য রূপে দেখা গেলো চন্দ্রশেখরকে। এরপরেও মহান বিপ্লবী রামপ্রসাদ বিসমিলের সঙ্গে তার ঘনিষ্ট সম্পর্ক হয় ও তার নেতৃত্বে নানা বিপ্লবী কর্মকাণ্ডে অংশ নিতেন।

৯ই আগস্ট ১৯২৫ সালে কাকোরি স্টেশনের কিছু দূরেই ট্রেন থামিয়ে সরকারি অর্থ লুট করেন। পরে এই মামলাটি "কাকোরি ট্রেন ডাকাতি" নামে বিশেষ পরিচিত হয়। এই ঘটনার পর গ্রেপ্তার এড়াতে দীর্ঘদিন

আত্মগোপন করে থাকতে হয় তাকে। ১৯২৮ সালে সাইমন ভারতে আসায় যে আন্দোলন শুরু হয়, সে আন্দোলনে লালা লাজপত রায় গুরুতর আহত হয়ে শেষ নিশ্বাস ত্যাগ করেন। এর বদলা নিতে চন্দ্রশেখর আজাদ ১৯২৮ সালে ১৪ই ডিসেম্বর ভগৎ সিং , রাজগুরু ও জয়গোপাল এর সঙ্গে স্কটকে হত্যা করতে গিয়ে স্যান্ডার্স কে হত্যা করেন।

১৯২৯ সালের ৮ই এপ্রিল ভগৎ সিং ও বটুকেশ্বর দত্ত দিল্লীর কেন্দ্রীয় সংসদ ভবনে বোমা নিক্ষেপ করেন। এই পরিকল্পনাতেও চন্দ্রশেখর আজাদ অংশ গ্রহণ করেন। এরপর "হিন্দুস্থান রিপাবলিকান এ্যাসোসিয়েশনে"র প্রায় সদস্য গ্রেপ্তার হন। কিন্তু চন্দ্রশেখর আজাদকে পুলিশ কোনদিন ধরতে পারেন নি। তাই তাকে ধরার জন্য সরকার পাঁচ হাজার টাকা পুরস্কার ঘোষণা করেন। চন্দ্রশেখর আজাদ বলতেন - 'আমার মাউজার শত্রুকে সুযোগ দেবে না আমাকে গ্রেপ্তার করার।'

চন্দ্রশেখর, জেলে বন্দী ভগৎ সিং ও তার সহসঙ্গীদের জেল মুক্ত করার পরিকল্পনাও করেন, এরফলে ভগবতীচরণ ভোরার মৃত্যু হয়। চন্দ্রশেখর সবসময় নানা জায়গায় নানা অভিযানে ঝাঁপিয়ে পড়তেন। এজন্য তাকে তার সহকর্মীরা "কুইক সিলভার" নাম দিয়েছিল। তার ভয়ানক কর্মকাণ্ডের জন্য ব্রিটিশরা কখনো আজাদের সামনা-সামনি হওয়ার সাহস পায়নি। ইতি মধ্যেই তার পিছনে সি.আই.ডির গুপ্তচর ঘুরে বেড়াচ্ছেন। দিনটি ছিল ১৯৩১ সালের ২৭শে ফেব্রুয়ারি সকাল ৯টার সময়, এলাহাবাদের আলফ্রেড পার্কে সঙ্গী সুকদেব রাজের সঙ্গে কথা বলছিল আজাদ। অন্যদিকে গুপ্তচরের সাহায্যে খবর পৌঁছে যায় ব্রিটিশদের ছাউনিতে। পার্কের চারপাশে সশস্ত্র পুলিশ বাহিনী এসে হাজির। আজাদ দেখতে পেলেন তাকে লক্ষ্য করে সশস্ত্র পুলিশ এগিয়ে আসছে তার দিকে। আজাদ তার পকেট থেকে মাউজার পিস্তলটি বের করে হাতে নিলেন। এরপরেই শুরু হয় সশস্ত্র সংঘর্ষ, একাই চন্দ্রশেখর আজাদ ও অন্যদিকে গোটা পুলিশ দল।

সুকদেব রাজকে ঘটনাস্থল থেকে পালিয়ে যেতে বলেন আজাদ, কারণ পরবর্তী বিপ্লবের কাজ তাকেই করতে হবে। গুলির শব্দে আলফ্রেড পার্ক যেনো কেপে উঠছে। একটি গুলি এসে আহত করলো আজাদকে। আজাদের গুলিতে বেশ কয়েকজন হতাহত হয়েছে, আহত হয়েছেন এস.পি. জন্নত বাবর ও ঠাকুর বিশ্বেশ্বর সিং। শেষে একটি গুলিই অবশিষ্ঠ ছিল, তাই আর যুদ্ধ না করে ওই গুলিটি নিজের জন্য বাঁচিয়ে রাখলেন।

ব্রিটিশদের হাতে ধরা না দিয়ে আত্মবিসর্জন করাটাই আজাদ শ্রেয় মনে করেন। তাই শেষ পর্যন্ত পিস্তলটি নিজের কপালে রেখে ট্রিগার চালিয়ে দেন, মুহূর্তে নিভে গেল আজাদের প্রাণ প্রদীপ। একটি নিম গাছের আড়াল থেকে একাই যুদ্ধ করে শত্রু পক্ষেকে একেবারে নাজেহাল করে দিয়েছেন। অনেক সময় ধরে আজাদ চুপচাপ থাকায় ব্রিটিশরা তার কাছে আসার চেষ্টা করেন এবং মৃত আজাদের শরীরে বার বার গুলি বর্ষন করেন।

আজাদ শেষে আজাদে থেকে গেলেন, তিনি ঠিকই বলেছেন তিনি আজাদ (স্বাধীন) আর সবসময় আজাদ থাকবেন।

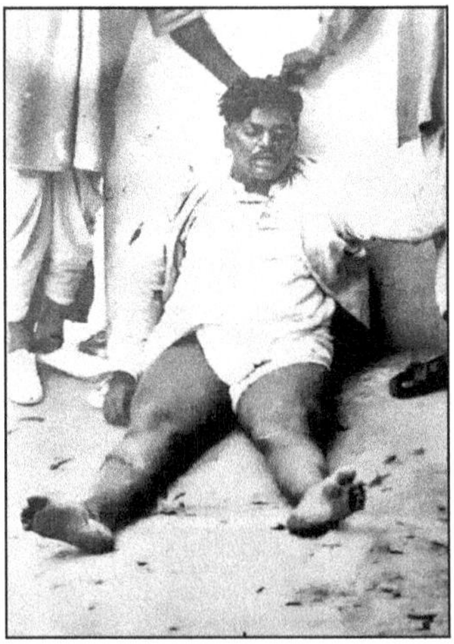

চন্দ্রশেখর আজাদ

পন্ডিত কেশোরিলাল

পন্ডিত কেশোরিলালের জন্ম হয়ছিল ৬ই জুন ১৯০৯ সালে পাঞ্জাবের হোশিয়ারপুর জেলার ধর্মপুর গ্রামে। তার পিতার নাম ছিল রঘুবির দত্ত শাস্ত্রী। রঘুবির অধ্যাপক ছিলেন আর তিনি ভগৎ সিং এর কাকা সর্দার অজিত সিং এর সঙ্গে আন্দোলনে যুক্ত ছিলেন। তার বড় দাদা সমাজ সেবক ছিলেন ও অনেক বিপ্লবীর সাথে তার পরিচয় ছিল, যার কারণে কেশোরিলাল ভগৎ সিং এর বিপ্লবী দলের সংস্পর্শে আসেন।

ডি.এ.বি. কলেজ লাহোরে পড়ার সময় কেশোরিলাল 'ভারত নওজওয়ান সভা'র সংস্পর্শে আসেন আর সেখান থেকেই কেশোরিলাল বিপ্লবের পথে চলতে শুরু করেন। কেশোরিলাল সবসময় হাসি মুখে থাকতেন। বোমা বানানোর কাজে সম্পূর্ণ আত্মনিয়োগ করেন তিনি। বিপ্লবীদের বোমা তৈরির কারখানায় ১৯২৯ সালের ১৫ই এপ্রিল "লাহোর ষড়যন্ত্র মামলা"য় তাকে গ্রেপ্তার করা হয়।

বিচারে পন্ডিত কেশোরিলালকে স্যান্ডার্স হত্যা ও "লাহোর ষড়যন্ত্র মামলা"য় যাবজ্জীবন কারাদন্ডে দণ্ডিত করা হয়। কেশোরিলালের বয়স কম থাকায় ফাঁসির আদেশ থেকে তিনি মুক্তি পান। এই মামলায় ভগৎ সিং, সুখদেব ও শিবরাম রাজগুরুর ফাঁসির আদেশ হয়। লাহোর সেন্ট্রাল জেলে থাকাকালীন সেখানে তিনি বিপ্লবীদের অনশন পালনে যোগ দেন। এরপর তাকে নানা জেলে প্রেরিত করা হয়।

শেষে আন্দামান সেলুলার জেলে পাঠানো হয় ও সেখানেও অনশন ধর্মঘট শুরু করেন। যার ফলে তার সঙ্গী মহাবীর সিং অনশনরত অবস্থায় মারা যান। এই বন্দি জিবনে তিনি ১৭ বছর জেলে ছিলেন। ২১শে ফ্রেবুয়ারি ১৯৪৬ সালে তিনি মুক্তি পান। ওই দিনে তার বন্ধু গয়া প্রাসাদ কাটিয়া, শিব বর্মা ও জয়দেব কাপুর মুক্তি পান এবং তারাও ১৭ বছরের বন্দি জিবন কাটিয়েছেন।

স্বাধীনতার বহু সময় পরে একটি রোড দুর্ঘটনায় ভীষন ভাবে আহত হন ও তাকে সিভিল হাসপাতালে ভর্তি করা হয়। কেশোরিলাল ১১ দিন মৃত্যুর সঙ্গে লড়াই করে ১১ই জুলাই ১৯৯০ সালে শেষ নিশ্বাস ত্যাগ করেন।

কেশোরিলাল

ডঃ গয়া প্রাসাদ কাটিয়ার

গয়া প্রাসাদ কটিয়ার ১৯০০ সালের ২০ই জুন উত্তরপ্রদেশের কানপুরে জন্মগ্রহন করেন। গয়া প্রাসাদ ১৯২১ সালের অসহযোগ আন্দোলনে অংশগ্রহণ করেন। পরে তিনি "হিন্দুস্থান সোশ্যালিস্ট রিপাবলিকান এ্যাসোসিয়েশনে" যোগ দেন। এভাবে গয়া প্রাসাদ মহান বিপ্লবী নেতা চন্দ্রশেখর আজাদ ও আর এক মহান বিপ্লবী সর্দার ভগৎ সিং-এর সশস্ত্র বিপ্লবী দলে যোগ দেয়।

স্যান্ডার্স হত্যার ষড়যন্ত্র, সর্দার ভগৎ সিং কেন্দ্রীয় কার্যালয়ের সঞ্চালন করেন তিনি। পরে দিল্লীর পার্লামেন্টের ওপর বোমা ছোড়া, বোমা বানানো তথা বিপ্লবীদের কার্যক্রমে সক্রিয় ভাবে গয়া প্রাসাদ অংশগ্রহন করেন। কয়েক দিন পর গয়া প্রাসাদকে সহারণপুরের বোমা কারখানায় কার্যরত অবস্থায় গ্রেপ্তার করা হয়। বিচারে গয়া প্রাসাদকে ৭ই অক্টোবর ১৯৩০ সালে যাবজ্জীবন কারাদন্ডের আদেশ দেওয়া হয়।

গয়া প্রাসাদকে লাহোর জেলে রাখা হয়। লাহোর জেলে বন্দি থাকাকালিন জেল কর্তৃপক্ষের দুর্ব্যবহারে অন্যান্য বিপ্লবী বন্দীদের সঙ্গে অনশন ধর্মঘট শুরু করেন। পুরো ৬৩ দিন তিনি অনশন ধর্মঘট পালন করেন। পরে গয়া প্রাসাদকে আন্দামান সেলুলার জেলে কালাপানিতে পাঠানো হয়। আন্দামান সেলুলার জেলেও গয়া প্রাসাদ অনশন ধর্মঘট শুরু করে। সেখানেও তিনি ৪৬ দিন অনশনরত থাকেন। গয়া প্রাসাদ পুরো ১৭ বছর জেল জিবনে অনেক অপমান ও নানা যন্ত্রণা সহ্য করেন। ২১শে ফেব্রুয়ারি ১৯৪৬ সালে গয়া প্রাসাদকে বিনা শর্তে মুক্তি দেওয়া হয়। ১৯৪৭ সালে ভারত স্বাধীনতা পায়, কিন্তু স্বাধীন ভারতেও শোষিত পিরীত জনগনের জন্য সংঘর্ষরত হাওয়ার কারনে তাকে জেল যেতে হয়।

পরবর্তী কালে বিপ্লবী গয়া প্রাসাদ ১০ই ফেব্রুয়ারি ১৯৯৩ সালে শেষ নিশ্বাস ত্যাগ করেন।

ডঃ গয়া প্রাসাদ

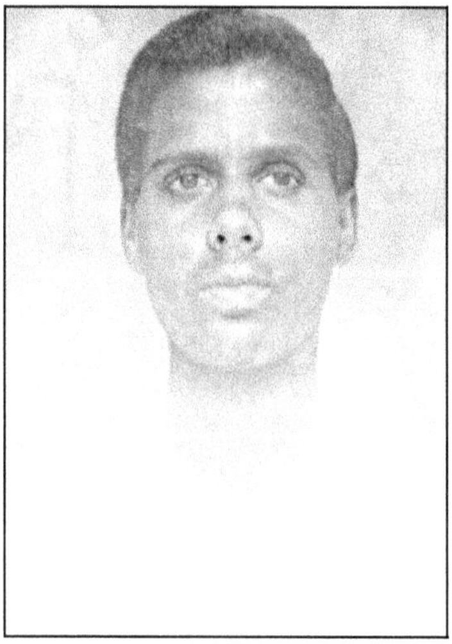

বিজয় কুমার সিংহ

বিজয় কুমার সিংহ

বিজয় কুমার সিংহের জন্ম হয়েছিল ১৭ই জানুয়ারি ১৯০৯ সালে এক বাঙালি পরিবারে। তার পিতার নাম ছিল মারকণ্ড সিংহ ও মাতার নাম ছিল শরত কুমারী। ১৯২১ সালে বিজয় কুমার অসহযোগ আন্দোলনে অংশগ্রহণ করেন, হঠাৎ আন্দোলন বন্ধ হলে তিনি দুঃখিত হন। ১৯২৪ সালে ভগৎ সিংহের সঙ্গে তার সম্পর্ক হয়। বিজয় কুমার "হিন্দুস্থান সোস্যালিস্ট রিপাবলিকান অ্যাসোসিয়েশন" বিপ্লবী দলের বোমা বানানোর প্রথম সারির একজন ছিলেন, সেটা যতীন দাসের নেতৃত্বে কলকাতায় শুরু হয়।

১৯২৯ সালের ৮ই এপ্রিল ভগৎ সিং ও বটুকেশ্বর দত্ত গ্রেপ্তার হলে ১৫ই এপ্রিল বাকি বিপ্লবীরা গ্রেপ্তার হন এবং বিজয় কুমার বরেলিতে গ্রেপ্তার হয়। লাহোর জেলে বিপ্লবী যতীন দাস, ভগৎ সিং ও অন্যান্য বিপ্লবীদের সঙ্গে অনশন শুরু করে দেয়। বিপ্লবী যতীন দাস যখন ৬৩ দিন অনশন করার পর শেষ প্রহর গুনছেন, তখন তিনি সঙ্গীদের একটি গান গাওয়ার জন্য বলেন। বিজয় কুমার বিশ্বকবি রবীন্দ্রনাথ ঠাকুরের 'একলা চলো রে' গাওয়া গানটি গেয়ে শোনান।

'স্যান্ডার্স হত্যা' ও দ্বিতীয় 'লাহোর ষড়যন্ত্র মামলা'য় বিজয় কুমারকে বিচারে যাবজ্জীবন কারাদণ্ড দেওয়া হয়, সঙ্গে বোমা মামলায় জড়িত থাকায়। এরপর আন্দামান সেলুলার জেলে পাঠানো হয় আর সেখানেও তিনি অনশন শুরু করে, যার ফলে তার সঙ্গী মহাবীর সিংয়ের মৃত্যু হয়। ১৯৩৮ সালে আন্দামান সেলুলার জেল থেকে মুক্তি পান। পরে আবারও তাঁকে গ্রেপ্তার করে ১৯৪১-৪৫ সাল পর্যন্ত বন্দি রাখেন। মোট ১৭ বছর জেলে বন্দি জীবন কাটাতে হয়। শেষে ১৯৯২ সালে ১৬ই জুলাই বিহারের পাটনায় মারা যান।

শিব বর্মা

মহান বিপ্লবী শিব বর্মার জন্ম হয়েছিল ৯ই ফেব্রুয়ারি ১৯০৭ সালে উত্তর প্রদেশের হারদোই জেলায়। অসহযোগ আন্দোলনে অংশ নেওয়ার পর তিনি কানপুরে চলে যান। শিব বর্মা ডি.এ.ভি. কলেজের ছাত্র হিসেবে সাক্ষাৎ পান ভগৎ সিং ও চন্দ্রশেখর আজাদ-এর মতো মহান বিপ্লবীর সঙ্গে। "হিন্দুস্থান সোস্যালিস্ট রিপাবলিকান অ্যাসোসিয়েশনে" সক্রিয় সদস্য রূপে যোগ দেন। তারপর তিনি কানপুরে এই সংগঠনের মুখ্য ভূমিকা পালন করেন।

"কাকোরি কাণ্ড মামলা"র বিপ্লবী রামপ্রসাদ বিসমিলের ফাঁসির একদিন পূর্বে শিব বর্মা ভাই সেজে তার সঙ্গে গরোখপুর জেলে দেখা করেন। এরপর বিভিন্ন বিপ্লবী কর্মকাণ্ডে জড়িয়ে পড়েন শিব বর্মা। ইনি 'স্যান্ডার্স হত্যা,' দ্বিতীয় 'লাহোর ষড়যন্ত্র মামলা'য় ও দিল্লীর কেন্দ্রীয় সংসদ ভবনে বোমা মামলায় যুক্ত ছিলেন। এই ঘটনার পর ধরপাকড় শুরু হলে ১৫ই এপ্রিল ১৯২৯ অন্যান্য বিপ্লবীদের সঙ্গে গ্রেপ্তার হন।

বিচার শুরু হলে, 'লাহোর ষড়যন্ত্র মামলা' ও 'স্যান্ডার্স হত্যা মামলা'য় তাকে যাবজ্জীবন দ্বীপান্তর সাজা দেওয়া হয়। শেষে ১০ই জানুয়ারি ১৯৯৭ সালে মহান বিপ্লবী শিব বর্মা কানপুরে মারা যান।

ধন্বন্তরি

ধন্বন্তরির জন্ম হয়েছিল ৭ই মার্চ ১৯০২ সালে জম্মুতে। পিতা দুর্গা দত্ত মাহে। ধন্বন্তরি জম্মু এস.আর. স্কুল থেকে ম্যাট্রিক পাশ করে লাহোর কলেজে আয়ুর্বেদ শেখার জন্য ভর্তি হন। পড়াশোনা চলাকালীন সময়েই যোগ দেন "হিন্দুস্থান সোস্যালিস্ট রিপাবলিকান অ্যাসোসিয়েশনে।" অতি শীঘ্রই ভগৎ সিংহের সঙ্গে তার ভালো সম্পর্ক হয়। 'লাহোর ষড়যন্ত্র মামলা'য় গোপনে বোমা বানানোর কারখানা থেকে পুলিশের হাতে গ্রেপ্তার হন।

বিচারে 'স্যান্ডার্স হত্যা মামলা'য় ও 'দিল্লি ষড়যন্ত্র মামলা'য় তাকে কালাপানীর সাজা দেওয়া হয়। এরপর কুখ্যাত সেলুলার জেলে অন্যান্য বন্দীদের সঙ্গে রাজনৈতিক বন্দীদের একই সেলে রাখার জন্য বিপ্লবীরা এর প্রতিবাদ করেন। শুরু করেন অনশন ধর্মঘট, বিপ্লবী ধন্বন্তরি মোট ৬১ দিনের অনশন পালন করেন। এরপর ১৯৩৯ সালে তিনি মুক্তি পান। ৫১ বছর বয়সে ১৩ই জুলাই ১৯৫৩ সালে বিপ্লবী ধন্বন্তরি মারা যান।

ধন্বন্তরি

প্রেমদত্ত বর্মা

প্রেমদত্ত বর্মার জন্ম হয়েছিল ১৯ই সেপ্টেম্বর ১৯১১ সালে। "স্যান্ডার্স হত্যাকাণ্ড" মামলায় জড়িত থাকার অভিযোগে প্রেমদত্ত বর্মাকে গ্রেপ্তার করা হয়। তিনি "হিন্দুস্থান সোস্যালিস্ট রিপাবলিকান অ্যাসোসিয়েশনে"র সদস্য ছিলেন। বিচার চলাকালীন কোর্টে মামলা দায়ের করা হয় ভগৎ সিং, রাজগুরু, যতীন দাস ও প্রেমদত্ত বর্মা সহ অন্যান্য বিপ্লবীদের বিরুদ্ধে। বিপ্লবীদের মধ্যে জয়গোপাল সরকার পক্ষের রাজসাক্ষী হন। জয়গোপাল কিন্তু স্যান্ডার্স হত্যাকাণ্ড ষড়যন্ত্রের মধ্যে অন্যতম একজন।

জয়গোপাল বাঁচার জন্য রাজসাক্ষী হন, তিনি যখন কোর্টে বিপ্লবীদের বিরুদ্ধে সাক্ষী দেন তখন প্রেমদত্ত বর্মা তার জুতো খুলে জয়গোপালের মুখে মারেন। তারপর কোর্টে বিপ্লবীদের প্রত্যেকের হাতে হাতকড়া পরিয়ে দেওয়া হয় জোর জবরদস্তি। বিচারে ভগৎ সিং, রাজগুরু ও সুকদেবের ফাঁসির আদেশ হয়। জয়গোপালের বিশ্বাসঘাতকতার কারণে বিপ্লবীদের নানা ক্রমে সাজা দেওয়া হয়।

প্রেমদত্ত বর্মার বয়স কম থাকায় ৩ বছরের সশ্রম কারাদণ্ডের আদেশ হয় এবং তিনি আদালতে এও বলেন- 'যদি বিশ্বাসঘাতক জয়গোপালকে আরো একটি জুতো মারতে দেন, তাহলে আরও কয়েক বছরের সাজা কাটাতে রাজি আছি।'

সুশীলা মোহন (দিদি)

সুশীলা মোহন ৫ই মার্চ ১৯০৫ সালে বর্তমান পাকিস্থানে জন্মগ্রহণ করেন। দেরাদুনে তার পরিচয় হয় বিপ্লবী ভগৎ সিং ও অন্যান্য বিপ্লবীদের সঙ্গে। বিপ্লবীরা সকলেই তাকে দিদি বলে ডাকতেন। স্যান্ডার্স হত্যাকাণ্ডের পর ভগৎ সিং দুর্গাবতি দেবীর সাহায্যে লাহোর থেকে কলকাতায় চলে আসেন। কলকাতায় সুশীলা মোহনের কাছে আশ্রয় নেন ভগৎ সিং ও অন্যান্য বিপ্লবীরা। ভগবতীচরণ ও যশপালের সঙ্গে ভাইসরায়ের স্পেশাল ট্রেন বোমা দিয়ে ওড়িয়ে দেওয়ার ষড়যন্ত্র করেন সুশীলা মোহন দিদি।

সুশীলা মোহন বিপ্লবীদের বিভিন্ন কর্মকাণ্ডে অংশ নিয়েছিলেন। অস্ত্র-শস্ত্র গোপনে লুকিয়ে রাখা ও অন্যান্য জায়গায় অস্ত্র-শস্ত্র পাঠিয়ে দেওয়া ছিল সুশীলা দিদির কাজ। এ ছাড়াও তিনি 'ভারত ছাড়ো' আন্দোলনে অংশগ্রহণ করেন। দিদি মহিলাদের মধ্যে বিপ্লবের প্রচার করতেন। শেষে ১৯৬৩ সালে ১৩ই জানুয়ারি এই অগ্নিকন্যা শেষ নিশ্বাস ত্যাগ করেন।

সমাপ্ত

www.ingramcontent.com/pod-product-compliance
Ingram Content Group UK Ltd.
Pitfield, Milton Keynes, MK11 3LW, UK
UKHW060117010826
14089UKWH00004B/33

9 798897 444847